# グループ通算制度の入門

辻・本郷 税理士法人　理事長　徳田孝司／監修
辻・本郷 税理士法人／編著

TOHOSHOBO

# はじめに

　令和2年度の税制改正において、連結納税制度について抜本的な見直しが行われ、グループ通算制度として改組されることとなりました。

　平成14年よりスタートした連結納税制度は令和4年3月31日以前開始事業年度まで利用され廃止となります。

　連結納税制度では、連結グループ間の損益通算ができる反面、処理が複雑で事務負担も大きいため、税務調査にも多くの時間が必要であるなどの問題が生じておりました。

　導入促進のためさまざまな税制改正が行われましたが、上場企業でも全体の2割程度の導入にとどまっていたという状況もあります。

　よって、今後の利用促進と課税側としても多くの労力と時間を要する連結納税制度を何とかしたいという考えのもと、改組されたグループ通算制度が始まります。

　最大の変更点としては、対象法人を一つの法人とみなし親法人が代表して申告を行っていた連結納税制度から、対象法人ごとに個別

に申告を行うことになるグループ通算制度となります。

　一部の税額控除を除いて個別申告となったため、従来よりも事務負担は多少軽減されることが見込まれ、また、税務調査等で修正ないし更正がある場合には、全社を対象として修正手続きが必要となっていたところが、グループ全体の再計算は行われないこと（注）になります。

（注）　法人税の負担を不当に減少しようとして、あえて誤った当初申告を行ったと認められる場合には、グループ全体で再計算される可能性があります。

　本書では連結納税制度、グループ通算制度、単体納税制度を比較しながら入門編としてお読みいただければ幸いです。

　では、グループ通算制度および連結納税制度の仕組み（条文等）から見ていきたいと思います。

辻・本郷 税理士法人　理事長　徳田孝司

〈第1章〉

# グループ通算制度とは

# グループ通算制度の概要

　　グループ通算制度とは、従来の連結納税制度の利点である企業グループ内の各法人の損益通算を可能としつつ、各法人を納税単位としてそれぞれ個別に法人税額の計算および申告を行う制度（個別申告方式）です。この個別申告方式により、後発的に修正申告や更正がされた場合であっても、グループ内の他の法人の税額計算に影響を与えない仕組みとなり、事務負担の軽減が図られています。また、連結納税制度では組織再編税制と差異があった連結開始・加入の際の時価評価および欠損金の持ち込み等についても、グループ通算制度においては整合性の取れたものとなるよう見直しがされました。

　　本章ではグループ通算制度の概要について記載していきます。章末の用語集（41ページ）も併せてご参照下さい。

# 適用方法

## （1） 申請

　グループ通算制度の適用を受けようとする場合には、通算親法人となる法人とその親法人との間に完全支配関係のある全ての子法人の連名で、承認申請書をその親法人の納税地の所轄税務署長を経由して、国税庁長官に提出し承認を受ける必要があります。この国税庁長官の承認を通算承認といいます。また、その提出期限は、原則として、通算親法人となる法人の通算制度の適用を受けようとする最初の事業年度開始の日の3ヶ月前の日とされています（法64の9②）。

## （2） 申請の却下

　国税庁長官は、次のような場合には通算制度の承認の申請を却下することができるとされています（法64の9③）。

　①通算予定法人のいずれかがその申請を行っていないこと

　②その申請を行っている法人に通算予定法人以外の法人が含まれていること

　③その申請を行っている通算予定法人について、次のいずれかに該当すること

　　ア　所得の金額又は欠損金額および法人税の額の計算が適正

に行われ難いと認められること

イ　通算制度の規定の適用を受けようとする事業年度におい
　　て、帳簿書類の備付け、記録又は保存が財務省令で定め
　　るところに従って行われることが見込まれないこと

ウ　その備え付ける帳簿書類に取引の全部又は一部を隠蔽
　　し、又は仮装して記載し、又は記録していることその他
　　不実の記載又は記録があると認められる相当の理由があ
　　ること

エ　法人税の負担を不当に減少させる結果となると認められ
　　ること

## （3）　承認（みなし承認）

　承認申請書の提出後、グループ通算制度の適用を受けようとする
最初の事業年度開始の日の前日までにその申請についての承認又は
却下の処分がなかったときは、その親法人および子法人の全てにつ
いて、事業年度開始の日においてその通算承認があったものとみな
され、その効力が生じます（法64の9⑤⑥）。

## （4）　経過措置

　連結納税制度の承認を受けている法人については、令和4年4月
1日以後開始する事業年度からは原則として自動的にグループ通算
制度の承認があったものとみなされます（改正法附則29①）。また、
その法人が青色申告の承認を受けていない場合には、同日において

青色申告の承認があったものとみなされます（法125②）。

　ただし、グループ通算制度への移行を望まない連結法人については、連結親法人が令和4年4月1日以後最初に開始する事業年度開始の日の前日までに税務署長に届出書を提出することにより、グループ通算制度を適用しない法人となることができます（改正法附則29②）。

## （5）　グループ通算制度への加入

　内国法人が、グループ通算制度を開始している通算親法人との間に完全支配関係を有することとなった場合には、原則としてその完全支配関係を有することとなった日（以下「加入日」といいます）において通算承認があったものとみなされます（法64の9⑪）。

　この場合には、通算子法人となる法人は、加入日の前日の属する事業年度開始の日から加入日の前日までの期間および、加入日から通算親法人の事業年度終了の日までの期間のみなし事業年度が生じます。

　また、加入時期の特例として加入日の前日の属する会計期間又は月次決算期間の末日の翌日において通算制度の承認があったものとみなされる措置が加えられています（法14⑧一、64の9⑪）。

## （6）　グループ通算制度の取りやめ等

　グループ通算制度の適用を取りやめるためには、やむを得ない事情がある場合で、国税庁長官の承認を受けなければなりません。こ

の取りやめの承認を受けた場合には、その承認を受けた日の属する事業年度終了の日の翌日から、通算承認の効力は失われます（法64 の10①～④）。

　また、次のような場合には、通算承認の効力は失われます。

①青色申告の承認の取消しの場合

②通算親法人が解散した場合

③通算親法人が他の内国法人による100％子法人となった場合

④通算法人が通算親法人のみとなった場合

⑤その他一定の場合

# 第3節 ┃ 適用法人

　グループ通算制度の適用対象となる法人は、下記（１）の親法人
（通算親法人）と下記（２）の子法人（通算子法人）に限られます（法
64の9①）。また、適用を受けようとする場合には、通算親法人に
よる完全支配関係のある法人の全てが国税庁長官の承認を受けなけ
ればなりません。

## （１）　親法人（通算親法人）

　内国法人である普通法人又は協同組合等のうち、次に掲げる法人
以外の法人をいいます。

①清算中の法人

②普通法人（外国法人を除きます）又は協同組合等との間にその
　普通法人又は協同組合等による完全支配関係がある法人

③通算承認の取りやめの承認を受けた法人でその承認日の属する
　事業年度終了後5年を経過する日の属する事業年度終了の日を
　経過していない法人

④青色申告の承認の取消通知を受けた法人でその通知後5年を経
　過する日の属する事業年度終了の日を経過していない法人

⑤青色申告の取りやめの届出書を提出した法人でその提出後1年
　を経過する日の属する事業年度終了の日を経過していない法人

⑥投資法人、特定目的会社

⑦その他一定の法人（普通法人以外の法人、破産手続開始の決定
　を受けた法人等）

## （2）　子法人（通算子法人）

　親法人との間にその親法人による完全支配関係がある他の内国法
人のうち、次に掲げる法人以外の法人をいいます。

①通算承認の取りやめの承認を受けた法人でその承認日の属する
　事業年度終了後5年を経過する日の属する事業年度終了の日を
　経過していない法人

②青色申告の承認の取消通知を受けた法人でその通知後5年を経
　過する日の属する事業年度終了の日を経過していない法人

③青色申告の取りやめの届出書を提出した法人でその提出後1年
　を経過する日の属する事業年度終了の日を経過していない法人

④投資法人、特定目的会社

⑤その他一定の法人（普通法人以外の法人、破産手続開始の決定
　を受けた法人等）

# 第4節 事業年度

　グループ通算制度による申告においては、連結納税制度と同じく通算親法人の事業年度で損益通算を行うため、通算子法人の事業年度は通算親法人の事業年度と同じ期間とみなされます。

　通算親法人と通算子法人の決算期が異なる場合には、通算子法人にて事務負担の増加が見込まれる点も連結納税制度と同様のため、通算親法人との事業年度の統一を検討する必要があります。

## （1）　通算子法人の事業年度の特例

　通算親法人の事業年度開始のときにその通算親法人との間に通算完全支配関係がある通算子法人の事業年度は、その開始の日に開始するものとされ、その通算親法人の事業年度終了のときにその通算親法人との間に通算完全支配関係がある通算子法人の事業年度は、その終了の日に終了するものとされています（法14③）。

　通算完全支配関係とは、通算親法人と通算子法人との間の完全支配関係又は通算親法人との間に完全支配関係がある通算子法人相互の関係をいいます（法２十二の七の七）。

　また、通算子法人である期間については、その通算子法人の会計期間等による事業年度で区切られません（法14⑦）。

　このため、通算親法人の事業年度と同じ期間がその通算子法人の事業年度となります。

例えば、通算親法人となるP社（3月決算）がX3年4月1日～
X4年3月31日事業年度より通算制度の規定の適用を受ける場合
には、通算子法人となるS1社（9月決算）については以下のよう
になります。

- ・X2年10月1日～X3年3月31日事業年度は通算制度を適用
  しないで申告を行います。
- ・X3年4月1日～X4年3月31日事業年度は通算制度を適用
  して申告を行います。

## （2） 通算制度に加入する場合の事業年度の特例

内国法人が通算親法人との間にその通算親法人による完全支配関
係を有することとなった場合には、その内国法人の事業年度は、原
則としてその加入日の前日に終了するものとされています。また、
これに続く事業年度はその加入日から開始するものとされています
（法14④一）。

例えば、S2社（3月決算）について通算親法人P社（3月決算）
がX3年10月1日にS2社の発行済株式の全てを取得したことに
より、P社の通算グループに加入することとなった場合には、S2
社については以下のようになります。

- ・X3年4月1日～X3年9月30日までの期間は通算制度を適
  用しないで申告を行います。
- ・X3年10月1日～X4年3月31日までの期間は通算制度を適

用して申告を行います。

## （3） 通算制度から離脱する場合の事業年度の特例

　通算親法人が通算子法人の株式を通算グループ外の第三者に譲渡したことなどにより、通算子法人が通算親法人との間にその通算親法人による通算完全支配関係を有しなくなった場合には、その通算子法人の事業年度は、その有しなくなった日（離脱日）の前日に終了することとされています。また、これに続く事業年度はその離脱日から開始するものとされています（法14④二）。

　例えば、通算子法人Ｓ３社（12月決算）について通算親法人Ｐ社（３月決算）がＸ３年10月１日にＳ３社の発行済株式の50％を通算グループ外の第三者に譲渡したことにより、Ｐ社の通算グループから離脱することとなった場合には、Ｓ３社については以下のようになります。

　　・ Ｘ３年４月１日～Ｘ３年９月30日までの期間は通算制度を適
　　　用して申告を行います。ただし、損益通算の規定等の適用はあ
　　　りません。
　　・ Ｘ３年10月１日～Ｘ３年12月31日までの期間は通算制度を
　　　適用しないで申告を行います。

## （4） 加入時期の特例

　通算子法人となる法人が通算親法人との間にその通算親法人によ

る完全支配関係を有することとなった場合には、子法人の事業年度は原則としてその加入日の前日に終了します。この加入に伴って生ずる事業年度の申告について、グループ通算制度において加入時期の特例措置が加えられました。

　加入時期の特例を受けた場合には、通算子法人となる法人の事業年度は、会計期間又は月次決算期間の末日に終了し、これに続く事業年度は、その会計期間又は月次決算期間の末日の翌日から開始するものとされています（法14⑧一）。

　このときには、加入日の前日の属する会計期間又は月次決算期間の末日の翌日において通算制度の承認があったものとみなされ、その承認は同日からその効力を生ずるものとされています（法64の9⑪括弧書）。

　この加入時期の特例により、通算子法人となる法人は加入日の属する会計期間又は月次決算期間の末日までは、グループ通算制度の規定を適用しないで申告を行うこととなります。

　加入時期の特例を受けるためには、この特例の適用がないものとした場合に生ずることとなる加入日の前日の属する事業年度に係る確定申告書の提出期限となる日までに、通算親法人又は通算親法人となる法人が加入時期の特例を受ける旨等を記載した書類を納税地の所轄税務署長に提出する必要があります（法14⑧、規8の3の3）。

　例えば、通算親法人P社（3月決算）がX3年12月3日にS4社

（３月決算）の発行済株式の全てを取得し、Ｓ４社がＰ社の通算グループに加入することとなった場合に、上記会計期間の末日の翌日を加入日とする加入時期の特例を適用しようとする場合には、以下のようになります。

- ・この特例の適用がないものとした場合の事業年度（Ｘ３年４月１日〜Ｘ３年12月２日）に係る確定申告書の提出期限までに、Ｐ社がこの特例を受ける旨等を記載した書類を納税地の所轄税務署長に提出します。
- ・Ｓ４社はＸ３年４月１日〜Ｘ４年３月31日事業年度は通算制度を適用しないで申告を行います。

　上記加入時期の特例を受けるため一定の書類を提出期限までに所轄税務署長に提出したものの、その会計期間の末日までに通算親法人との間に完全支配関係を有しないこととなった内国法人は、通算子法人とはならず、通算制度の規定を適用しないで申告を行うこととなります。

第5節 | 申告および納付等について |

## （1） 個別申告方式を採用

　グループ通算制度においては、その適用を受ける通算グループ内の各通算法人を納税単位として、通算制度を適用しない法人と同様に、その各通算法人が個別に法人税額の計算および申告を行います（法74等）。

## （2） 電子情報処理組織（e-Tax）による 申告が必須

　通算法人は、事業年度開始のときにおける資本金の額又は出資金の額が1億円以下であるか否かにかかわらず、電子情報処理組織（e-Tax）を使用する方法（以下、電子申告といいます）により納税申告書を提出する必要があります（法75の4①②）。

　その際、通算親法人が、通算子法人の法人税の申告に関する事項の処理として、その通算親法人の電子署名により申告書記載事項又は添付書類記載事項を電子申告により提出した場合には、その通算子法人が電子申告により提出したものとみなされます（法150の3①②）。

## （3） 経過措置

　連結納税制度の承認を受けている法人で、令和4年4月1日以後
開始する事業年度から自動的にグループ通算制度の承認があったも
のとみなされた連結親法人が、連結確定申告書の提出期限の延長特
例および延長期間の指定（旧法81の24①）の規定の適用を受けて
いる場合には、グループ通算制度へ移行するグループ内の全ての通
算法人について、延長特例の適用および延長期間の指定を受けたも
のとみなされます（改正法附則34①②）。

## （4） 連帯納付の責任

　通算法人は、他の通算法人の各事業年度の所得に対する法人税の
うちその通算法人と当該他の通算法人との間に通算完全支配関係が
ある期間内に納税義務が成立した法人税について、連帯して納付す
る責任を負うこととされています（法152①）。

　このため、通算法人が法人税を滞納した場合には、他の通算法人
は連帯納付の責任を負うことになります。

第6節 | # 所得金額および法人税額の計算

## （1） 損益通算

　連結納税制度では損益通算を所得金額と欠損金額を合算することで行っていましたが、グループ通算制度においては、損益通算は各欠損法人の通算前欠損金額を各所得法人の通算前所得金額の比で配賦するプロラタ方式で行うこととされています。

　また、通算グループ内の一法人において、事後の税務調査等により損益通算前の所得の金額が当初申告と異なることとなった場合であっても、遮断措置により、グループ内の他の通算法人の所得金額又は法人税額の計算に波及しない仕組みとなっています。

　①所得事業年度の損益通算による損金算入

　　通算法人の所得事業年度終了の日（基準日）において、その通算法人との間に通算完全支配関係がある他の通算法人の基準日に終了する事業年度において通算前欠損金額が生ずる場合には、その通算法人の所得事業年度の通算対象欠損金額は、その所得事業年度の損金の額に算入されます（法64の5①）。

　　すなわち、通算グループ内の欠損法人の欠損金額の合計額が、その所得法人の所得の金額の比で配分され、その配分された通

算対象欠損金額が所得法人の損金の額に算入されます。


②欠損事業年度の損益通算による益金算入

　　通算法人の欠損事業年度終了の日（基準日）において、その通算法人との間に通算完全支配関係がある他の通算法人の基準日に終了する事業年度において通算前所得金額が生ずる場合には、その通算法人の欠損事業年度の通算対象所得金額は、その欠損事業年度の益金の額に算入されます（法64の5③）。

　　すなわち、所得法人において損金算入された金額の合計額と同額の所得の金額が、欠損法人の欠損金額の比で配分され、その配分された通算対象所得金額が欠損法人の益金の額に算入されます。


③損益通算の遮断措置

　　上記①又は②の場合において、通算事業年度の通算前所得金額又は通算前欠損金額が当初申告額と異なるときは、それぞれの当初申告額がその通算事業年度の通算前所得金額又は通算前欠損金額とみなされます（法64の5⑤）。

　　すなわち、通算グループ内の一法人に修更正事由が生じた場合には、損益通算に用いる通算前所得金額および通算前欠損金額を当初申告額に固定することにより、原則として、その修更正事由が生じた通算法人以外の他の通算法人への影響を遮断し、その修更正事由が生じた通算法人の申告のみが是正されま

す。

## （２）　欠損金の通算

　グループ通算制度においても基本的には連結納税制度と同様に、繰越欠損金をグループ内にて通算することとなります。

　通算法人に係る欠損金の繰越し（法57①）の規定の適用については、次の①および②等の一定の調整を行う必要があります（法64の7）。

①欠損金の繰越控除額の計算

　グループ通算制度における過去10年以内に開始した各事業年度に生じた繰越欠損金額の損金算入額の計算は、まず、各通算法人の特定欠損金額の損金算入額の計算を行い、次に、特定欠損金額以外の欠損金額の通算グループ全体の合計額を各通算法人に配賦して、各通算法人の非特定欠損金額を計算し、その非特定欠損金額の損金算入額の計算を行います。

　各通算法人の欠損金額の損金算入額は、特定欠損金額の損金算入額と非特定欠損金額の損金算入額の合計額となります。

　控除限度額については、連結納税制度と同様に、各通算法人の所得金額の50%に相当する金額（中小法人等、更生法人等および新設法人については、所得金額）となります。

　ア　特定欠損金額の損金算入額

10年内事業年度ごとの特定欠損金額の損金算入額は、その10年内事業年度ごとの特定欠損金額のうち、特定欠損金額の損金算入限度額に達するまでの金額となります（法64の7①三イ）。

　特定欠損金額の損金算入限度額は、通算グループ全体の損金算入限度額の合計額を上限とした各通算法人の特定欠損金額（欠損控除前所得金額を限度）の合計額を、各通算法人のそれぞれの特定欠損金額（欠損控除前所得金額を限度）の比で配賦した金額となります。

イ　非特定欠損金額の損金算入額

　10年内事業年度ごとの非特定欠損金額の損金算入額は、その10年内事業年度の非特定欠損金額のうち、非特定欠損金額の損金算入限度額に達するまでの金額となります（法64の7①三ロ）。

　非特定欠損金額の損金算入限度額の計算は、まず、その10年内事業年度に生じた欠損金額のうち特定欠損金額以外の金額の通算グループ全体の合計額を各通算法人に配賦して、各通算法人の非特定欠損金額を計算します（法64の7①二）。そして、通算グループ全体の損金算入限度額の合計額を、各通算法人のそれぞれの非特定欠損金額の比で配賦することで計算されます。

ウ　通算法人の損金算入欠損金額および翌期以後の繰越欠損
　　金額の計算

　　　各通算法人の当期における欠損金額の損金算入額は、特
　　定欠損金額の損金算入額と非特定欠損金額の損金算入額の
　　合計額となりますが、翌期以後に繰り越す欠損金額は、次
　　の（ア）および（イ）の金額の合計額（損金算入欠損金額）
　　が各通算法人の損金の額に算入されたものとして計算を行
　　います（法64の7①四）。

　　（ア）　その通算法人のその10年内事業年度において生
　　　　　じた特定欠損金額のうち特定損金算入限度額に達
　　　　　するまでの金額

　　（イ）　その通算法人のその10年内事業年度において生
　　　　　じた特定欠損金額以外の欠損金額に非特定損金算
　　　　　入割合を乗じて計算した金額

②欠損金の通算の遮断措置

　ア　他の通算法人の修更正による影響の遮断

　　　他の通算法人の損金算入限度額又は過年度の欠損金額等
　　が修正申告等により当初申告の金額と異なることとなった
　　場合には、通算法人の欠損金の通算の規定（法64の7①）
　　による損金算入額の計算上は、当初申告の金額が当該他の
　　事業年度の損金算入限度額又は過年度の欠損金額等とみな
　　されます（法64の7④）。

すなわち、通算グループ内の他の通算法人に修更正事由が生じたことにより、損金算入限度額等が増減した場合であっても、その増減がなかった通算法人は、当該他の通算法人の損金算入限度額等を当初申告の金額に固定して損金算入額を算出することにより、他の通算法人の修正申告等による影響を遮断することとしています。

イ　通算法人の修更正による損金算入欠損金額の調整
　　通算法人の修正申告等により損金算入限度額等の金額が当初申告の金額と異なることとなった場合には、欠損金額および損金算入限度額（中小通算法人等である場合を除きます）で当初申告において通算グループ内の他の通算法人との間で配分し又は配分された金額を固定する調整等をした上で、その通算法人のみで欠損金額の損金算入額等が再計算されます（法64の7⑤〜⑦）。

# （3）　遮断措置の不適用（全体再計算）

　通算グループ全体では所得金額がないにもかかわらず、当初申告額に固定することにより所得金額が発生する法人が生ずることのないようにするため、一定の要件に該当する場合には、損益通算および欠損金の通算の規定の計算に用いる所得の金額および欠損金額を当初申告額に固定せずに、通算グループ全体で再計算（全体再計算）されます。

　このほか、欠損金の繰越期間に対する制限を潜脱するためや、離脱法人に欠損金を帰属させるためにあえて誤った期限内申告を行うなど法人税の負担を不当に減少させる結果となると認めるときは、通算グループ内の法人全てについて、税務署長は、損益通算の計算を期限内申告の所得金額に固定せずに再計算することができます（法64の5⑧）。

## （4）　経過措置

　連結納税制度における連結欠損金個別帰属額は、旧法人税法第57条第6項と同様に各法人の欠損金額とみなされます（改正法附則20①）。自動的にグループ通算制度に移行する法人又は届出により単体納税法人となる法人についても同様です。

　これにより、連結納税制度における連結欠損金個別帰属額は、グループ通算制度における繰越欠損金とみなされます（改正法附則20⑦）。

　また、連結納税制度における特定連結欠損金個別帰属額は、グループ通算制度における特定欠損金額とみなされます（改正法附則28③）。

# 税率

　通算法人の各事業年度の所得の金額に対する法人税の税率は、各通算法人の区分に応じた税率が適用されます。

　そのため原則として、普通法人である通算法人は23.2％、協同組合等である通算法人は19％の税率が適用されます（法66①③）。

　また、中小通算法人の所得の金額のうち軽減対象所得金額以下の金額に対する税率は19％とされます（法66⑥）。

　軽減対象所得金額とは、次の算式により計算した金額（その中小通算法人が通算子法人である場合において、その事業年度終了の日が通算親法人の事業年度終了の日でないときは800万円を月数按分した金額）をいいます（法66⑦）。

$$軽減対象所得金額 ＝ 800万円（※） \times \frac{その中小通算法人の所得の金額}{各中小通算法人の所得の金額の合計額}$$

（※）　通算親法人の事業年度が1年に満たない場合は800万円を月数按分した金額となります（法66⑪）。

　中小通算法人に修更正事由が生じた場合には、その中小通算法人の所得の金額を当初申告額に固定して計算されます（法66⑧）。た

だし、各中小通算法人の所得の金額の合計額が年800万円以下である場合又は遮断措置の不適用（全体再計算）がある場合はこの遮断措置は適用されません。

　中小通算法人とは大通算法人以外の普通法人である通算法人をいい、大通算法人とは通算法人である普通法人又はその普通法人の各事業年度終了の日においてその普通法人との間に通算完全支配関係がある他の通算法人のうち、いずれかの法人がその各事業年度終了のときにおける資本金の額又は出資金の額が１億円を超える法人その他一定の法人に該当する場合におけるその普通法人をいいます（法66⑥括弧書）。

## 第8節　通算制度の開始・加入の際の時価評価・欠損金の切り捨て

第8節

　連結納税制度と同様に、グループ通算制度の適用開始、通算グループへの加入および通算グループからの離脱時においても、一定の場合には、資産の時価評価課税や欠損金の切り捨て等の制限があります。

　ただしグループ通算制度においては、時価評価対象法人および欠損金の切り捨て対象法人について組織再編税制と整合性の取れたものとなるよう見直しがされています。

## （1）　時価評価除外法人（時価評価を要しない法人）

　グループ通算制度の適用開始又は通算グループへの加入に伴う資産の時価評価について、時価評価を要しない法人は次の法人とされています。

①適用開始時の時価評価除外法人（法64の11①）

　　ア　いずれかの子法人との間に完全支配関係の継続が見込まれる親法人

　　イ　親法人との間に完全支配関係の継続が見込まれる子法人

②加入時の時価評価除外法人（法64の12①）

　　ア　通算グループ内で新設された法人

　イ　適格株式交換等により加入した株式交換等完全子法人

　ウ　適格組織再編成と同様の要件として次の要件の全てに該
　　当する法人（通算グループへの加入の直前に支配関係が
　　ある場合）

　（ア）　通算親法人との間の完全支配関係継続要件

　（イ）　従業者継続要件

　（ウ）　事業継続要件

　エ　適格組織再編成と同様の要件として次の要件の全てに該
　　当する法人（通算グループへの加入の直前に支配関係が
　　ない場合）

　（ア）　通算親法人との間の完全支配関係継続要件

　（イ）　従業者継続要件

　（ウ）　事業継続要件

　（エ）　通算グループ内のいずれかの法人との事業関連性
　　要件

　（オ）　上記（エ）の各事業の事業規模比５倍以内要件又
　　はその子法人の特定役員引継要件

## （2）　時価評価法人のグループ通算制度の開始・加入前の欠損金額の切り捨て

　時価評価法人（時価評価を要する法人）のグループ通算制度の開
始又は加入前において生じた欠損金額は、原則として切り捨てられ
ます（法57⑥）。

## （3）　時価評価除外法人のグループ通算制度の　　　　開始・加入前の欠損金額および　　　　含み損等に係る制限

　時価評価除外法人のグループ通算制度の開始又は加入前の欠損金および資産の含み損等については、欠損金額の切り捨てのほか、支配関係発生日以後5年を経過する日と開始又は加入以後3年を経過する日とのいずれか早い日まで一定の制限が行われます。

　ただし、親法人との間の支配関係が5年超の法人等一定の法人については欠損金等の制限の対象外です。

①支配関係発生後に新たな事業を開始した場合

　　ア　支配関係発生前に生じた欠損金額および支配関係発生前から有する一定の資産の開始・加入前の実現損から成る欠損金額は切り捨てられます（法57⑧）。

　　イ　支配関係発生前から有する一定の資産の開始・加入後の実現損に係る金額は損金不算入とされます（法64の14①）。

②原価および費用の額の合計額のうちに占める損金算入される減価償却費の額の割合が30％を超える場合には、その事業年度に通算グループ内で生じた欠損金額については、損益通算の対象外とされた上で、特定欠損金額とされます（法64の6③、64の7②三）。

③上記①又は②のいずれにも該当しない場合には、通算グループ

内で生じた欠損金額のうち、支配関係発生前から有する資産の実現損から成る欠損金額については、損益通算の対象外とされた上で、特定欠損金額として取り扱われます（64の6①、64の7②三）

## （4） 通算グループからの離脱

通算制度からの離脱等にあたり、以下のような場合には時価評価が必要となります。

①離脱等の前に行う主要な事業が離脱等後において引き続き行われることが見込まれていない通算法人

②通算法人の株式を有する他の通算法人においてその通算法人の離脱等の後にその株式の譲渡等による損失の計上が見込まれている場合のその通算法人

# 各個別制度の取り扱い

## （1） 個別で計算を行うもの

①受取配当等の益金不算入制度

　　受取配当金の益金不算入制度について、連結納税制度ではグループ全体で益金不算入額を計算していましたが、グループ通算制度においては各法人で益金不算入額を個別計算することとなります。

　　ただし、負債利子控除額の上限額の計算についてはグループ通算制度においてもグループ全体で計算します。

　ア　関連法人株式等又は非支配目的株式の区分判定については、内国法人およびその内国法人との間に完全支配関係がある他の法人を含む持株比率で判定されます（法23④⑥）。

　イ　関連法人株式等に係る配当等の額のうち益金不算入となる金額は、その配当等の額からその配当等の額の4%に相当する金額（控除負債利子の10%を限度）を控除した金額とされます（法23①）。

　ウ　グループ通算制度を適用している法人については、短期保有株式等の判定を各法人で行います（法23②）。

②寄附金の損金不算入制度

　　連結納税制度では、寄附金の損金不算入制度はグループ全体で計算を行っていましたが、グループ通算制度においては、各法人で損金不算入額を個別計算することとなります。

　　また、寄附金の損金算入限度額の計算の基礎となる資本金等の額についても見直されたため、下記のような取り扱いとなります。

　　ア　寄附金の損金算入限度額については、内国法人の各事業年度終了の時の資本金の額および資本準備金の額の合計額もしくは出資金の額又はその事業年度の所得の金額を基礎として一定の計算により算出した金額とされます（法37①）。

　　イ　グループ通算制度を適用している法人については、寄附金の損金算入限度額の計算を各法人で行います。

③貸倒引当金

　　グループ通算制度においては、貸倒引当金の損金算入額は連結納税制度と同様に各法人ごとに個別計算を行います。

　　また、通算法人が貸倒引当金の繰入限度額を計算する場合において、その通算法人が通算グループ内の他の通算法人に対して有する金銭債権は、貸倒引当金の繰入限度額の計算の基礎となる金銭債権には含まれないものとされます（法52⑨二）。

## （2）　全体で計算を行うもの

①外国税額控除

　ア　通算法人が各事業年度において外国法人税を納付することとなる場合には、控除限度額を限度として、その外国法人税の額をその事業年度の所得に対する法人税の額から控除することとされています（法69①⑭、令148①）。控除限度額の計算は、基本的に連結納税制度と同様となっており、通算グループ全体の控除限度額を国外所得金額の比で按分する方法で計算されます。

　イ　上記アの場合において、修更正事由が生じたことにより、通算法人の各事業年度の外国税額控除額が当初申告額と異なることとなったときは、通算グループ内の全ての通算法人は、その変動後の要素に基づいて外国税額の控除の再計算を行う必要が生じます。ただし、その過去の事業年度について、期限内申告における税額控除額と再計算後の税額控除額との間に過不足額が生じることとなる場合であっても、その過去の事業年度の税額控除額は期限内申告の金額で固定することとされております（法69⑮）。

　ウ　上記イの場合において、その過不足額は、対象事業年度（いわゆる進行事業年度）の法人税の額に加算又は法人税の額から控除することにより調整されます（法69⑰

⑱）。

　エ　外国税額控除額の計算の基礎となる事実を隠蔽又は仮装して外国税額控除額を増加させることにより法人税の負担を減少させる場合等に該当するときは、上記イおよびウは適用されません（法69⑯）。

②研究開発税制

　ア　通算法人における試験研究費の総額に係る税額控除の計算は、連結納税制度と同様に通算グループを一体として計算した税額控除限度額と控除上限額とのうちいずれか少ない金額を、通算法人の調整前法人税額の比で按分することにより行います。

　　すなわち、次の算式により計算した税額控除可能分配額を税額控除限度額として、その通算法人の各事業年度の税額控除額を計算します（措法42の4①⑧三）。

税額控除可能分配額＝税額控除可能額　×　$\dfrac{\text{その通算法人の}\ \text{調整前法人税額}}{\text{各通算法人の}\ \text{調整前法人税額の合計額}}$

　税額控除可能額とは、通算グループを一体として計算した税額控除限度額と控除上限額とのうちいずれか少ない金額をいいます。

イ　通算法人又は他の通算法人に修更正事由があった場合には、通算法人の試験研究費の総額に係る税額控除の調整計算は次の通りとなります。

（ア）　他の通算法人に修更正事由があった場合

　　通算グループ内の他の通算法人に修更正事由があった場合には、当該他の通算法人の試験研究費の額と調整前法人税額を当初申告額に固定することにより、その通算法人への影響が遮断されます。

（イ）　通算法人に修更正事由があった場合

　　その通算法人に修更正事由が生じたことにより、税額控除可能額が当初申告額を超えることとなった場合であっても、税額控除可能分配額は当初申告額に固定されます。

（ウ）　税額控除可能額が当初申告額未満となる場合

　　通算法人の税額控除可能額が当初申告額未満であるときは、次の場合に応じそれぞれ調整等が行われます（措法42の4⑧六・七）。

　⑦当初申告税額控除可能分配額が0を超える場合

　　税額控除超過額（当初申告税額控除可能額からその税額控除可能額を減算した金額）は、当初申告税額控除可能分配額の範囲内でその通算法人の税額控除可能分配額から控除されます。

　　　　　　④税額控除超過額が当初申告税額控除可能分配額を超

　　　　　　　える場合

　　　　　　　上記⑦により控除されなかった税額控除超過額は、

　　　　　　　法人税の額に加算されます。

　ウ　損益通算の遮断措置について、遮断措置の不適用（全体

　　　再計算）に係る規定の適用がある場合には、上記イの遮

　　　断措置を前提とした調整の規定は適用されません（措法

　　　42の４⑯⑰）。また、この場合においては、この調整を

　　　前提とした進行事業年度における調整の規定（措法42

　　　の４⑪⑬）についても適用されません。

　エ　通算法人が特別試験研究費に係る税額控除制度の適用を

　　　受ける場合についても、上記イおよびウと同様の調整等

　　　が行われます。

《用語集》

| 用語 | 意義 |
|---|---|
| 所得事業年度 | 通算前所得金額の生ずる事業年度（その通算法人に係る通算親法人の事業年度終了の日に終了する事業年度に限ります）をいいます。 |
| 通算前所得金額 | 損益通算および欠損金の控除前の所得の金額をいいます。 |
| 通算前欠損金額 | 損益通算前の欠損金額をいいます。 |
| 通算対象欠損金額 | ①他の通算法人の基準日に終了する事業年度の通算前欠損金額の合計額（③を超える場合には③の金額）（法64の5②一） ✕ ②通算法人の取得事業年度の通算前所得金額（法64の5②二） / ③通算法人の所得事業年度および他の通算法人の基準日に終了する事業年度の通算前所得金額の合計額（法64の5②三） |
| 欠損事業年度 | 通算前欠損金額の生ずる事業年度（その通算法人に係る通算親法人の事業年度終了の日に終了する事業年度に限ります）をいいます。 |
| 通算対象所得金額 | ①他の通算法人の基準日に終了する事業年度の通算前所得金額の合計額（③を超える場合には③の金額）（法64の5④一） ✕ ②通算法人の欠損事業年度の通算前欠損金額（法64の5④二） / ③通算法人の欠損事業年度および他の通算法人の基準日に終了する事業年度の通算前欠損金額の合計額（法64の5④三） |
| 通算事業年度 | 損益通算の規定（法64の5①③）により通算対象欠損金額又は通算対象所得金額を損金算入又は益金算入する場合において、その損金算入額を計算する場合における通算法人の所得事業年度もしくは他の通算法人の基準日に終了する事業年度又はその益金算入額を計算する場合における通算法人の欠損事業年度もしくは他の通算法人の基準日に終了する事業年度をいいます。 |
| 特定欠損金額 | 時価評価除外法人の最初通算事業年度開始の日前10年以内に開始した各事業年度において生じた欠損金額等をいいます（法64の7②）。この特定欠損金額は、その通算法人の所得の金額のみから控除できます。 |
| 非特定欠損金額 | 欠損金額のうち特定欠損金額以外の金額をいいます。通算グループ内で共有し控除額を計算します。 |

〈第2章〉

# 連結納税制度について

# 第1節　連結納税制度とは

　連結納税制度とは、平成14年度税制改正により導入された制度であり、内国法人である親法人とその親法人により直接又は間接に100％の株式を保有される全ての内国法人である子法人を一つのグループとしてとらえ、親法人がそのグループ全体の所得を一つの申告書（連結確定申告書）に記載しまとめる形式で法人税の申告・納税を行うことができる制度です。すなわち、親法人と子法人を一つの会社とみなし、申告・納税を行うことができる制度です。したがって、この制度を適用する期間においては、原則として、法人ごとに申告・納税を行う必要はありません（法4の2、81の22、81の27）。連結納税制度の適用については選択適用が可能であり、法人の任意に委ねられています。

# 適用可能法人

連結納税の適用を受けることができる法人は、内国法人である親法人と、親法人による完全支配関係のある内国法人である子法人が該当します。この場合の子法人は直接完全支配だけでなく、間接支配も含まれます。

また適用を受ける場合は、以下（1）（2）に該当する法人、かつ（3）に掲げる事実がないものとして国税庁長官の承認を受けた法人に限られます。なお、この承認を受けた親法人又は子法人を連結法人といいます（法4の2）。

## （1） 親法人

普通法人又は協同組合等のうち、以下に該当する法人を除いたものに限られます。なお、国税庁長官の承認を受けた親法人を連結親法人といいます。

①清算中の法人

②他の普通法人（外国法人を除きます）又は協同組合等による完全支配関係がある法人

③資産の流動化に関する法律に規定する特定目的法人

④投資信託および投資法人に関する法律に規定する投資法人

⑤法人課税信託に規定する受託法人

⑥その他一定の法人

## （2）　子法人

　親法人による完全支配関係がある普通法人のうち、以下に該当する法人を除いたものに限られます。なお、国税庁長官の承認を受けた子法人を連結子法人といいます。

　①破産手続開始の決定を受けた法人

　②普通法人以外の法人

　③上記（1）の③④⑤に該当する法人

　④その他一定の法人

## （3）　申請却下の対象となる事実（法4の3②）

　連結納税の適用を受けるための承認申請は、次の事項に該当する場合は承認されません。

　①親法人とその親法人による完全支配関係がある全ての子法人（連結子法人）のいずれかが申請を行っていないこと

　②申請を行っている連結グループの法人に連結親法人および連結子法人以外の法人が含まれていること

　③連結親法人および連結子法人に次のいずれかの事実があること

　　ア　連結所得の金額、連結欠損金額、法人税の額の計算が適正に行われ難いと認められること

　　イ　連結事業年度において、帳簿書類の備付け、記録、保存が適正に行われることが見込まれていないこと

　　ウ　連結納税の承認の取消しを受けた日又は連結納税の適用

の取りやめに係る承認を受けた日以後５年を経過する日
の属する事業年度終了の日までの期間を経過していない
もの

エ　法人税の負担を不当に減少させる結果となると認められ
ること

## （４）　その他事項

　連結法人は、帳簿書類を備え付けてこれにその取引等を記録し、
かつ、その帳簿書類を保存しなければなりません。また国税庁長官
や国税局長、所轄の税務署長は、当該帳簿書類について、必要に応
じて指示をすることができることとされています（法４の４）。

# 申請・承認

## （1） 原則（法４の３①③④⑤）

　連結納税の適用を受けようとする場合には、その適用を受けよう
とする親法人の最初の事業年度開始の日の３ヶ月前の日までに、親
法人およびその親法人による完全支配関係がある全ての子法人の連
名で承認申請書を親法人の納税地の所轄税務署長を経由して、国税
庁長官に提出し、適用を受けようとする事業年度開始の日の前日ま
でに承認を受ける必要があります。連結親会社となる親法人に承認
があったときには、その子法人にも承認があったものとみなされま
す。

（※）　連結納税の承認の申請により承認を受けようとする最初の事
　　　業年度が令和４年４月１日以降である場合には、通算承認の
　　　申請とみなされます。また、この連結納税の承認を受けた場
　　　合、令和４年４月１日以後最初に開始する事業年度からグル
　　　ープ通算制度が適用されます。

　　　承認申請書の提出後、適用を受けようとする親法人の事業年
　　　度開始の日の前日までに承認又は却下の処分がなかった場合
　　　には、その開始の日において承認があったものとみなされ、
　　　その開始の日以後の期間について連結納税が適用される措置
　　　が設けられています。

## （2）　特例（法4の3⑥⑦）

　連結納税の適用を受けようとする場合において、下記の事業年度に該当する場合には承認申請書の提出期限につき、特例が設けられています。

　①親法人の設立事業年度に適用を受けようとする場合

　　　承認申請書の提出期限は以下のいずれか早い日となります。

　　　ア　設立事業年度開始の日から１ヶ月を経過する日

　　　イ　設立事業年度終了の日から２ヶ月前の日

　②親法人の設立事業年度の翌事業年度から適用を受けようとする場合

　　　承認申請書の提出期限は以下のいずれか早い日となります。

　　　ア　設立事業年度終了の日

　　　イ　設立事業年度の翌事業年度終了の日から２ヶ月前の日

## （3）　加入法人の承認

　事業年度の途中でその連結親法人による完全支配関係を有することとなった他の子法人は、その完全支配関係を有することとなった日に連結納税グループに加入したとみなし、連結納税の適用の承認があったものとみなされます。

　ただし、連結納税の申請に係る特例年度において完全支配関係を有することとなった場合には、次に定める日に連結納税の承認があったものとみなされ、同日以後の期間について、その効力を生じる

こととなります（法４の３⑩⑪、令14の７③、規８の３の３③）。

①連結納税申請に係る特例年度に完全支配関係を有することとなった他の内国法人が時価評価法人又は当該時価評価法人が発行済株式又は出資を直接又は間接に保有する内国法人である場合には連結納税の申請の特例年度終了の日の翌日（みなし事業年度の規定の適用を受ける場合にあっては、当該翌日と当該前日の属する月次決算期間の末日の翌日とのうちいずれか遅い日）

②上記以外の法人である場合は、完全支配関係を有することとなった日（法人税法第14条第２項の規定の適用を受ける場合にあっては、同日の前日の属する月次決算期間の末日の翌日）

　（注）　他の内国法人が連結親法人（連結親法人となる法人）との間にその連結親法人による完全支配関係を有することとなった場合には、連結親法人は、完全支配関係を有することとなった日等以後遅滞なく、その完全支配関係を有することとなった日など所定の事項を記載した書類を納税地等の所轄税務署長に提出する必要があります（令14の７③、規８の３の３③）。

## 連結事業年度・申告・納付等

## （１）　連結事業年度（法14、15の２）

　連結納税の適用している間は、原則として連結事業年度ごとに申告・納税を行うこととなります。

　連結親法人の事業年度開始の日からその終了の日までの期間を連結事業年度といい、連結親法人と事業年度の異なる連結子法人は、連結子法人の事業年度にかかわらず、連結親法人の連結事業年度の期間を一つの事業年度とみなします。

　なお、連結納税の適用の開始の場合や適用の取りやめの際には、連結事業年度と各子法人の営業年度とを調整するために、それぞれの場面ごとみなし事業年度の規定が設けられております。詳細につきましては第７・８節および第10節をご参照下さい。

## （２）　申告等（法81の22、81の25）

　連結納税制度においては、連結親法人がまとめて申告等を行います。

　連結親法人は、各連結事業年度終了の日の翌日から２ヶ月以内に、連結確定申告書を連結親法人の納税地の所轄税務署長に提出する必要があります。

　また、連結子法人は、連結確定申告書の提出期限までに、連結子

法人の本店又は主たる事務所の所在地の所轄税務署長に連結事業年度に係る書類を提出する必要があります。

## （3） 連結確定申告書の提出期限の 延長特例（法81の24）

特別の事情がある場合などの一定の理由により連結確定申告書をその提出期限までに提出できない常況にある場合には、連結親法人の納税地の所轄税務署長に対して連結親法人が申請を行うことにより、提出期限を2ヶ月延長することができます。

提出期限の延長の特例の適用を受けようとする場合は、その適用を受けようとする連結事業年度終了の日の翌日から45日以内に、連結親法人の納税地の所轄税務署長に申請書を提出する必要があります（法81の242）。

また、連結子法人は、連結確定申告書の提出期限までに個別帰属額等を記載した書類に、必要書類を添付して、連結子法人の本店又は主たる事務所の所在地の所轄税務署長に提出する必要があります。連結親法人が連結確定申告書の提出期限の延長の特例の承認を受けている場合には、連結子法人においても提出期限の延長がされることとなります（法81の251）。

（注） 個別帰属額等とは、下記のように算出した金額をいいます。

　　①個別所得金額がある場合

　　　各連結法人の個別所得金額に連結所得に対する法人税率を乗じて計算した金額に加算調整額を加算した金額から減算調

整額を控除した金額又は減算調整額から当該合計した金額を控除した金額

②個別欠損金額がある場合

　加算調整額から当該個別欠損金額に連結所得に対する法人税率を乗じて計算した金額に減算調整額を加算した金額を控除した金額又は当該合計した金額から加算調整額を控除した金額

# （4）　連結所得に対する<br>　　　法人税額の納付等（法81の27、81の28）

　連結親会社がまとめて申告等を行うのと同様に、連結親法人がまとめて納付等を行います。連結親法人は、連結確定申告書に記載した連結確定法人税額を、提出期限までに国に納付しなければなりません。

　また、連結子法人は、当該連結確定法人税額について、連帯納付責任が課されています。そのため、連結親法人がその法人税を滞納した場合には、連結子法人は納付すべきその法人税について納付する責任が生じることとなります。また、連結子法人が連帯納付の責任を負うこととなるその法人税については、連結親法人の納税地の所轄税務署長だけでなく、連結子法人の本店又は主たる事務所の所在地の所轄税務署長からも滞納に係る処分を受ける場合があります。

# 税率

　連結所得の金額に対する法人税の税率は、連結親法人の適用税率を使用します。

（1）　普通法人…23.2%

（2）　普通法人（年800万円以下の部分）…19%

（3）　協同組合等の軽減税率…20%

（4）　特定の医療法人の軽減税率…20%

（5）　特定の協同組合等の税率（年10億円超の部分）…22%

# 第6節　連結所得の金額および連結所得に対する法人税の額の計算等

　連結所得の金額は、各連結事業年度の益金の額から損金の額を控除した金額となります。

　この連結所得の金額の計算において、減価償却費の計算（法31）、役員賞与等の損金不算入（法35）等は、単体所得の金額を計算する場合の方法と同様に行うこととなります。ただし、次に掲げるものを含む一定のものについては、連結所得の金額算出方法が別途設けられていますので、その方法に基づき行います（法81の2、81の3①）。

## （1）　連結グループ内の法人間取引

①譲渡損益調整資産の譲渡（法81の10）

　　連結グループ内の法人間で一定の資産（譲渡損益調整資産）の譲渡があった場合には、その譲渡に係る譲渡損益に相当する金額をその譲渡した事業年度の所得計算に含めて、損金の額又は益金の額に算入され譲渡損益が繰り延べられることとなります。一定の資産は、固定資産、棚卸資産である土地等、有価証券、金銭債権および繰延資産の譲渡直前の帳簿価額が1,000万円以上のものをいいます（法61の13①、令122の14①）。損

金の額又は益金の額に算入した金額は、その譲渡損益調整資産を譲り受けた法人が譲渡、償却等を行った場合や、その譲渡損益調整資産を譲り渡した法人が連結グループから離脱した場合等に益金の額又は損金の額に算入又は戻入をすることとなります。

②受取配当等（法81の4①）

　　連結法人が受ける連結法人株式等に係る配当等の額については、連結所得の金額の計算上、グループ全体で判定・計算を行います。連結法人株式等の配当を受けたときは、配当等の額の全額が益金不算入額となります。「連結法人株式等」とは、連結グループ内の他の法人の株式又は出資のうち一定の要件を満たすものをいいます。

③寄附金（法81の6）

　　連結グループ内の法人間に対して拠出した寄附金の額は、その全額が損金不算入となります。

## （2）　繰越欠損金（法81の9①②）

①連結欠損金額の繰越控除

　　連結グループの各連結事業年度開始の日前10年以内に生じた連結欠損金額は、その各連結事業年度において、連結所得の金額から繰越欠損金を控除することができます。

②適用前に生じた欠損金額の繰越控除

　　連結納税の適用前に生じた欠損金額は、原則として連結グル

ープ内に持ち込むことができず、連結納税の開始や加入と同時
に切り捨てられます。

　しかしその連結グループが最初に連結納税を適用する事業年
度（以下「最初連結親法人事業年度」といいます）開始の日の前
10年以内の各事業年度において親法人に生じた欠損金額のほ
か一定の要件を満たすものは、連結欠損金額とみなし、連結所
得の金額から欠損金を控除することができます。

## （3）　受取配当等（法81の4）

　連結法人が受ける関係法人株式等に係る配当等の額については、
配当等の額の全額からその関係法人株式等に係る負債の利子を控除
した金額が、益金不算入の額となります。連結グループ外の法人か
ら受ける配当等の額から控除する負債の利子は、連結グループ全体
で計算することとなります。関係法人株式等とは、内国法人の発行
済株式の総数又は出資金額のうち連結グループに属する法人の保有
割合が3分の1以上となるなど一定の要件を満たすものをいいま
す。

## （4）　寄附金（法81の6）

　寄附金の損金不算入額の計算は、連結親法人の連結個別資本等の
金額と連結所得の金額を基礎として、連結グループを一体として考
え計算を行います。連結個別資本等の金額とは、連結法人の資本の
金額又は出資金額と連結個別資本積立金額（連結法人の最初の連結

事業年度の直前の事業年度終了時における資本積立金額とその連結法人の各連結事業年度における資本積立金額の規定に準じて算出した金額との合計額）との合計額をいいます（法２十六の二、十七の三）。

## （5）　交際費等（措法68の66）

交際費等の損金不算入額の計算は、連結親法人の資本の金額又は出資金額を基礎として、連結グループを一体として考え計算を行います。

## （6）　所得税額の控除（法81の14）

所得税額の控除は、連結グループを一体として考え計算をします。

## （7）　特定同族会社の特別税率（法81の13）

連結親法人が同族会社に該当する場合には、連結留保金課税は、連結グループを一体として考え、適用します。

## （8）　租税回避行為の防止（法132の3）

税務署長は、連結グループに属する法人の行為又は計算で、これを容認した場合には法人税の負担を不当に減少させる結果になると認められるものがあるときは、その行為又は計算にかかわらず、法人税の課税標準、連結欠損金額又は法人税の額を計算することができることとされています。

# 連結納税の適用開始時における調整等

## （1） 適用開始に伴う みなし事業年度［原則］（法4の3⑤14四）

　連結確定申告書は、連結事業年度ごとに作成する必要があります。

　連結納税の適用開始に伴い、親法人の連結事業年度と異なる営業年度の子法人は、営業年度開始の日から連結納税開始の日の前日までの期間を一つの事業年度とみなして単体申告を行うこととなります。

## （2） 親法人の設立事業年度等から 適用を受ける場合

　親法人の設立事業年度等から連結納税の適用を受けようとする場合は、第3節（2）①の通り申請期限の特例が設けられています。この特例により親法人の設立事業年度等から連結納税の適用を受ける場合には、次の①および②に掲げる法人（以下「時価評価法人等」といいます）は、最初連結親法人事業年度終了の日の翌日以後の期間について連結納税が適用されます。

　①最初連結親法人事業年度の直前の事業年度終了の時点で保有する固定資産、棚卸資産たる土地（土地の上に存する権利を含み

ます）、有価証券、金銭債権および繰延資産などの時価評価資
産その他一定のもの（以下「時価評価資産等」といいます）を有
する子法人

②①の子法人が直接又は間接に株式を有している子法人

　この場合、時価評価法人等は、最初連結親法人事業年度開始
の日の前日の属する営業年度開始の日からその前日までの期間
および最初の連結親法人事業年度の期間をそれぞれ一つの事業
年度とみなして単体申告を行うこととなります（法４の３⑨一、
14六）。

（注）

1　上記①の子法人のうち、最初連結親法人事業年度に合わせたみ
　　なし事業年度終了の時において時価評価資産を有している法人
　　は、資産の時価評価による評価損益の計上（第11節参照）にか
　　かわらず、その終了の日の属する事業年度において評価益又は
　　評価損を益金の額又は損金の額に計上することとされています
　　（法61の11）。

2　時価評価法人等以外の法人については、原則として、最初連結
　　親法人事業年度開始の日から連結納税が適用されることとなり
　　ます。

3　「時価評価資産を有している法人等」とは次に掲げる子法人を
　　いい、この「時価評価資産を有している法人等」に該当する場
　　合には、その子法人は最初連結親法人事業年度終了の日の翌日

以後の期間について連結納税が適用されます（法附則3③）。

①最初連結親法人事業年度終了の日の属する営業年度の前営業年度（その営業年度開始の日が最初連結親法人事業年度開始の日前である場合にはその営業年度）の終了時において時価評価資産等を有する子法人

②最初連結親法人事業年度終了の日の属する営業年度開始の日がその最初連結親法人事業年度開始の日前である子法人（①の法人を除きます）

③①又は②の子法人が発行済株式又は出資を直接又は間接に保有する子法人

4　上記①の子法人のうち、最初連結親法人事業年度終了の時において時価評価資産を有しているものは、資産の時価評価による評価損益の計上（第11節参照）にかかわらず、その終了の日の属する事業年度においてその資産に係る評価益又は評価損を益金の額又は損金の額に計上する必要があります（法附則9②）。

5　特別勘定の取り崩し

連結納税の適用開始又は連結グループの加入に際して、連結グループ加入前に子法人が計上していた特定資産の買換えや譲渡損益調整資産の譲渡損益等に係る特別勘定については、その子法人は、その特別勘定として計上された金額のうち最初連結親法人事業年度の直前の事業年度までに益金の額に算入されていない金額（その金額が一定の金額未満のものは除かれます）を、その直前の事業年度において益金の額に計上することおよ

び特別勘定の取り崩しを行うことなどの調整計算が必要となり
ます（措法65の8⑩ほか）。

# 連結グループへの加入に際してのみなし事業年度

## （1） 原則（法4の3⑩）

　事業年度の途中で、連結親法人による完全支配関係を有することとなった場合には、その子法人は連結納税グループに加入したとみなします。その子法人の営業年度開始の日から連結納税グループ加入日の前日までの期間については、みなし事業年度に該当し、単体申告を行う必要があります。連結納税グループ加入日以後の期間については連結納税が適用されるため、連結納税グループの加入日から連結親法人の事業年度終了の日までの期間をみなし事業年度とし、連結申告を行うこととなります。

## （2） 特例（法14②）

　連結親法人による完全支配関係を月の途中の日に有することとなった場合は、その子法人の営業年度開始の日から連結納税グループ加入日の前日の属する月次決算期間の末日までの期間を、一つの事業年度とみなして単体申告を行い、その末日の翌日から連結親法人の事業年度終了の日までの期間をみなし事業年度として、連結申告を行うこととなります。

　例えば、5月10日が連結納税グループの加入日の場合は、5月

31日が連結納税グループ加入日の前日の属する月次決算期間の末日となります。

# 第9節 | 承認の取消し・適用の取りやめ

## （1） 連結納税に係る承認の取消し（法4の5①）

　以下に掲げる事実がある場合には、国税庁長官は、その事実がある連結法人に係る連結納税の承認を取り消すことができるとされています。

　承認の取消しの場合は、取消事由に該当する連結法人がその連結子法人だけである場合には、その連結子法人のみが取消しの対象となります。

　この承認の取消処分を受けた場合には、その処分のあった日の属する連結事業年度開始の日以後の期間についてその効力を失い、連結納税は適用されません。

①連結事業年度に係る帳簿書類の備付け、記録又は保存が適正に行われていないこと

②連結事業年度に係る帳簿書類の備付け等に関する国税庁長官、国税局長又は税務署長の指示に従わなかったこと

③連結事業年度に係る帳簿書類に取引の全部又は一部を隠蔽し又は仮装して記載又は記録していることなど、その記載又は記録をした事項についてその真実性が認められないと捉えられる相当の理由があること

④連結確定申告書をその提出期限までに提出しなかったこと

## （２）　連結納税に係る<br>承認のみなし取消し（法４の５②）

　連結法人に以下の事実が生じた場合には、それぞれに掲げる取消対象法人の連結納税に係る承認が取り消されたものとみなされ、みなし取消日以後の期間についてその効力を失い、連結納税は適用されません。

①連結親法人および全ての連結子法人に対する取消し

　　ア　他の内国法人（普通法人又は協同組合等に限ります）により、連結親法人に対する完全支配関係が生じた場合は、完全支配関係の生じた日

　　イ　連結親法人が解散した場合はその解散の日の翌日（合併による解散の場合には、その合併の日）

②連結親法人に対する取消し

　　連結子法人がなくなったことにより連結法人が連結親法人のみとなった場合は連結子法人がなくなった日。

③連結子法人に対する取消し

　　ア　連結子法人が解散又は残余財産が確定した場合は、その解散の日の翌日又はその残余財産の確定の日の翌日

　　イ　連結子法人が連結親法人による連結完全支配関係を有しなくなった場合（上記①ア、②、③アの事実に基因するものを除きます）は、その連結完全支配関係を有しなく

なった日

（注）

1　連結親法人の事業年度終了の日において連結子法人が解散（合併による解散を除きます）し、連結子法人がなくなった場合は、その解散の日の翌日がみなし取消日となります。

2　連結親法人の事業年度開始の日に合併による解散をした場合はその合併の日となり、連結親法人の事業年度終了の日に解散（合併による解散を除きます）をした場合はその解散の日の翌日がみなし取消日となります。

3　連結子法人と連結親法人の完全支配関係がなくなった事実が、連結親法人の事業年度終了の日にその連結子法人の発行済株式又は出資を直接又は間接に有する他の連結子法人が解散（合併による解散を除きます）をしたことによるものである場合には、その解散の日の翌日となります。

## （3）　連結納税の適用の取りやめ（法4の5③④）

　連結納税の適用を継続することにより事務負担が著しく過重となり連結納税の適用の継続が困難になる場合など、やむを得ない事情があるときは、国税庁長官の承認を受けて、その適用を取りやめることができます。この適用の取りやめを受けようとする場合は、連結グループに属する全ての法人の連名で、承認申請書を連結親法人の納税地の所轄税務署長を経由して、国税庁長官に提出する必要が

あります。しかし、連結納税と単体納税とを比較して単に単体納税の方が法人税額の金額が少額となると見込まれることを理由として連結納税の適用を取りやめることは認められません。

(注) この適用の取りやめに係る承認を受けた場合には、その承認を受けた日の属する連結事業年度終了の日後の期間について連結納税は適用されません（法4の5⑥）。

# 第10節 | 連結グループからの 離脱に伴うみなし事業年度

## （1）　承認の取消処分による場合

　連結納税に係る承認の取消しを受け、連結親法人との完全支配関係を有しなくなった場合にはその取消しとなった日の属する連結事業年度開始の日以後の期間について連結納税は適用されません（法4の5①）。この場合、連結グループから離脱した法人は、みなし事業年度として下記の3つの期間に分け、それぞれ一つの事業年度とみなして単体申告を行うことが必要となります。

　①離脱の日の属する連結事業年度開始の日から離脱日の前日までの期間

　②その離脱日から連結親法人の連結事業年度の終了の日までの期間

　③連結親法人の連結事業年度の終了の日の翌日から、その翌日の日の属する事業年度終了の日までの期間

## （2）　承認のみなし取消しによる場合

　みなし取消しの原因となる事実が生じた場合は、みなし取消日以後の期間について連結納税は適用されません。そのため原則的には、（1）と同様の申告を行うこととなります。ただし、連結子法人が

連結事業年度終了の日に合併以外の理由で解散をした場合等は、その連結子法人は、その解散の日の翌日以後の期間について連結納税は適用されないため、解散の日の属する連結事業年度の終了までの期間は連結申告を行い、解散の日の翌日から子法人の営業事業年度の終了の日までの期間をみなし事業年度とし、単体申告を行う必要があります。

# 資産の時価評価による評価損益の計上

## （1） 連結納税の適用開始時における連結子法人の保有する資産（旧法61の11）

　連結納税を適用することとなる子法人は、連結納税開始前から子会社の保有する資産を時価評価し、評価益又は評価損を認識し、その事業年度の所得の金額の計算に含めることとなります。ただし、次に掲げるような子法人については、この評価損益の計上を行う必要はありません。

①親法人が最初連結親法人事業年度開始の日の５年前の日からその連結納税開始の日まで引き続き完全支配関係を有している長期保有子法人

②親法人又はその親法人と完全支配関係のある子法人が、最初連結親法人事業年度開始の日の５年前の日からその開始の日までの間に設立した子法人のうち、親法人が設立からその開始の日まで継続して完全支配関係を有している子法人

③親法人が最初連結親法人事業年度開始の日の5年前の日からその適格合併の日の前日まで引き続き完全支配関係を有している長期保有子法人に準ずる子法人

## （2） 連結グループへの加入時における 連結子法人の保有する資産（旧法61の12）

　連結グループに加入した子法人は、加入直前の事業年度において、その加入直前の事業年度終了の時に保有する時価評価資産の評価益又は評価損を認識し、その事業年度の所得の金額の計算に含めることとなります。ただし、次に掲げるような子法人については、この評価損益の計上を行う必要はありません。

①連結グループ内が全額出資して設立された子法人

②連結親法人が、適格合併により完全支配関係を有することとなった法人（その適格合併に係る被合併法人が適格合併の日の5年前の日からその適格合併の日の前日まで引き続き完全支配関係を有している長期保有子法人である場合に限ります）

〈第3章〉

# Q&A
# 手続き（加入脱退）

# Question

グループ通算制度の導入にあたり、手続きについて教えて下さい。

具体的には、連結納税制度からグループ通算制度への継続、連結納税制度から単体納税制度への脱退、単体納税制度からグループ通算制度への加入があると思います。

それぞれの手続きについて教えて下さい。

# Answer

## （1）　概要

　令和２年度税制改正においては、連結納税制度はその適用実態やグループ経営の実態を踏まえ、損益通算の基本的な枠組みは維持しつつ、企業の事務負担の軽減等の観点から簡素化等の見直しを行うこととされました。

　こうして平成14年度税制改正により導入された連結納税制度は、令和４年３月31日までに開始する事業年度をもってその適用を終了することとし、令和４年４月１日以降に開始する事業年度から新

たにグループ通算制度としてその適用が開始されます（改正法附則
14①）。

　令和２年度改正では、連結納税制度を見直し、グループ通算制度
に移行します。この移行にあたっては一定の経過措置が設けられて
おり、届出書を税務署に提出することによりグループ通算制度の移
行を取りやめることも可能となります。

　本章では、グループ通算制への移行に伴う経過措置およびその適
用関係（手続き）について説明します。

## （２）　経過措置

　連結納税制度からの移行に伴う経過措置としては、次のようにな
っております。

　①連結納税制度の承認は、令和４年４月１日以後に開始する事業
　　年度においては、グループ通算制度の承認とみなす（改正法附
　　則29①）。

　②連結法人は、連結親法人が令和４年４月１日以後最初に開始す
　　る事業年度開始の日の前日までに税務署長に届出書を提出する
　　ことにより、グループ通算制度を適用しない単体納税制度の適
　　用法人となることができる（改正法附則29②、改正規附則５
　　①）。


　このように現行の連結納税制度を受けている法人については、通
算制度の施行日である令和４年４月１日以後に開始する事業年度に

おいては、①グループ通算制度に移行しグループ通算制度適用法人として申告を行うこと、②届出を提出することにより単体納税制度の適用法人として申告を行うこと、のいずれかを選択できる意思決定を有することとなります。

　従来の連結納税制度の適用の取りやめは、連結法人がその適用を継続することにより、事務負担が著しく過重になると認められる場合などのやむを得ない事情があるときに限られ（連基通１－３－６）、またその場合には国税庁長官の承認を受けなければなりません（法４の５③）（注１・注２）。

　グループ通算制度の取りやめにつきましても、連結納税制度と同様にやむを得ない事情がある場合で国税庁長官の承認を受けた場合に限られているため、法人側の判断でその適用を取りやめることができません（注３）。

　今回の経過措置では、やむを得ない事情がない場合においても届出書を提出することで、連結納税制度の脱退が可能となります。上記のように、現行の連結納税制度の取りやめには一定の制限があることから、経過措置による単体納税制度への見直しは、今後の大きな検討事項の一つと言えます。

（注）

1　一方、連結法人について、連結事業年度に係る帳簿書類の備付け、記録又は保存が財務省令で定めるところに従って行われて

いない等の事実がある場合には、国税庁長官は、その連結法人に係る連結納税の承認を取り消すことができることとされています（法4の5①、規8の3の4から8の3の10）。

2 連結親法人と内国法人との間にその内国法人による完全支配関係が生じたこと、連結親法人が解散したこと、連結子法人が連結親法人との間に連結完全支配関係を有しなくなったこと等の一定の事実が生じた場合には、その連結法人に係る連結納税の承認は取り消されたものとみなされます（法4の5②、令14の9②）。

3 通算法人は、やむを得ない事情があるときは、国税庁長官の承認を受けてグループ通算制度の適用を受けることをやめることができます。この取りやめの承認を受けた場合には、その承認を受けた日の属する事業年度終了の日の翌日から、通算承認の効力は失われます（法64の10①～④）。

## 連結納税の取りやめの承認の申請書（初葉）

※ 整理番号 ＿＿＿＿＿＿＿＿＿＿＿＿＿

法連結グループ整理番号 ＿＿＿＿＿＿＿＿＿＿＿＿＿

（親）

3通提出
（添付書類含む）

税務署受付印

| | | | | |
|---|---|---|---|---|
| 令和　年　月　日 | 申請法人 | 連結親法人 | 納税地 | 〒<br>電話（　　）　－ |
| | | | （フリガナ）<br>法　人　名 | |
| | | | 法 人 番 号 | ｜ ｜ ｜ ｜ ｜ ｜ ｜ ｜ ｜ ｜ ｜ ｜ ｜ |
| 税務署長経由 | | | （フリガナ）<br>代表者氏名 | |
| | | | 事 業 種 目 | 業 |
| 国税庁長官　殿 | | | 資本金又は<br>出資金の額 | 円 |
| | | 連結子法人 | 次葉のとおり（子法人数　　法人） | |

法人税法第4条の2の規定の適用を受けることをやめたいので、同法第4条の5第4項の規定により申請します。

1　連結納税を取りやめる理由

　　（以下、記入欄）

2　連結親法人が連結納税の承認を受けた日又はその承認があったものとみなされた日

　　　　　　　　　　　　　　　　　　　　　　　　　　　平成・令和　年　月　日

3　添付書類　　　（1）　出資関係図　　（2）　グループ一覧

| 税 理 士 署 名 | | | | | | |
|---|---|---|---|---|---|---|

規格A4

| ※税務署<br>処理欄 | 部門 | 決算期 | 業種番号 | 番号 | 入力 | 備考 |
|---|---|---|---|---|---|---|
| | | | | | | |

03.06改正

## （3） 適用の手続き（継続・脱退・加入）

　上述した通り、既に連結納税制度の適用を受けている連結法人において、令和4年4月1日以降に開始する事業年度からは、グループ通算制度への移行、又はグループ通算制度を取りやめることによる脱退（単体納税制度への復帰）を選択する意思決定を有することとなります。

　その継続・脱退・加入の各適用手続きについて説明します。


①連結納税制度からグループ通算制度への移行手続き（継続）

　　その移行につき、特段の手続きは不要となります。

　　グループ通算制度は、令和4年4月1日以後に開始する事業年度から適用されます（改正法附則14①）。

　　令和4年3月31日において連結親法人に該当する内国法人および同日の属する連結親法人事業年度終了の日においてその内国法人との間に連結完全支配関係がある連結子法人については、同日の翌日において、通算制度の承認があったものとみなされることとされています（改正法附則29①）。

　　つまり現在において、連結納税制度を適用している連結法人については、令和4年3月31日までに開始する事業年度まで連結納税制度による申告作業を行った後、特段の手続きを要することなく、自動的に令和4年4月1日以降に開始する事業年度からグループ通算制度へ移行し適用が開始されることとなり

ます。


3月決算法人の場合

②連結納税制度から単体納税制度への移行手続き（脱退）

　　その移行につき、届出書の提出が必要となります。

　　現在、連結納税制度を適用している連結法人がグループ通算
制度への移行を選択せず、単体納税制度への復帰を選択する場
合には、届出書の提出を要することとなります。

　　令和4年4月1日以降最初に開始する事業年度開始の日の前
日までをその提出期限とし、連結親法人が「グループ通算制度
へ移行しない旨の届出」を所轄税務署長に提出することにより、
グループ通算制度の適用法人から脱退し、単体納税制度の適用
法人へ復帰することができます。

　　なお、注意点といたしましては、上記届出を提出することに
より、一定期間グループ通算制度の適用ができない点が挙げら
れます。

連結法人がグループ通算制度を適用しない法人となることを選択した場合には、最終の連結事業年度終了の日の翌日から同日以後5年を経過する日の属する事業年度終了の日までの期間を経過しないと、グループ通算制度の適用を受けて通算法人となることはできないこととされております（改正法附則29③）。

　そのため、グループ通算制度の適用の取りやめは、長期的な視点で検討を行うことが必要となります。

３月決算法人の場合

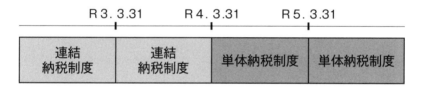

# グループ通算制度へ移行しない旨の届出書

| ※ 整理番号 | |
|---|---|
| ※連結グループ整理番号 | |

| | 提出法人（連結親法人） | 納　税　地 | 〒　　　　　　電話（　　　）　　　－ |
|---|---|---|---|
| 税務署受付印 | | （フリガナ） | |
| 令和　年　月　日 | | 法　人　名 | |
| | | 法　人　番　号 | |
| 税務署長殿 | | （フリガナ）<br>代表者氏名 | |

令和４年４月１日以後最初に開始する事業年度以降、グループ通算制度へ移行しないので、所得税法等の一部を改正する法律（令和２年法律第８号）附則第29条第２項の規定により届け出ます。

※　この届出書の提出によりグループ通算制度へ移行しない連結親法人又は連結子法人で最終の連結事業年度終了の日の翌日から同日以後５年を経過する日の属する事業年度終了の日までの期間を経過していないものは、所得税法等の一部を改正する法律（令和２年法律第８号）（以下「令和２年改正法」といいます。）附則第29条第３項の規定により、令和２年改正法による改正後の法人税法第64条の９第１項第３号に掲げる法人とみなされ、その期間は通算親法人又は通算子法人になることができません。

【その他参考事項】

| 税 理 士 署 名 | |
|---|---|

| ※税務署処理欄 | 部門 | 決算期 | 業種番号 | 番号 | 入力 | 備考 | 通信日付印 | 年　月　日 | 確認 |
|---|---|---|---|---|---|---|---|---|---|
| | | | | | | | | | |

**（注意事項）**
(1)　この届出書は、連結法人が令和４年４月１日以後最初に開始する事業年度からグループ通算制度へ移行しない場合に使用してください。
(2)　提出期限等については以下のとおりです。
　◇　提出法人：連結親法人
　◇　提出期限：当該連結親法人の令和４年４月１日以後最初に開始する事業年度開始の日の前日
　◇　提出先：当該連結親法人の納税地の所轄税務署長
　◇　提出部数：１通（調査課所管法人については２通）
(3)　「その他参考事項」欄には参考となる事項を記載してください。
(4)　「税理士署名」欄には、この届出書を税理士又は税理士法人が作成した場合に、その税理士等が署名してください。
(5)　「※税務署処理欄」は記載しないでください。

（規格Ａ４）

03.06 改正

③単体納税制度からグループ通算制度への移行手続き（加入）

　その移行につき、通算制度の承認申請書を提出し承認を受ける必要があります。

　グループ通算制度の適用を受けようとする場合には、同一の通算グループとなる法人の全ての連名で、通算制度の承認の申請書を通算親法人となる法人の納税地の所轄税務署長を経由して、国税庁長官に提出することとされています（法64の9②、規27の16の8①）。

　また、その提出期限は、原則として、通算親法人となる法人の通算制度の適用を受けようとする最初の事業年度開始の日の3ヶ月前の日とされています（注）。

　つまり現在において、単体納税制度の適用法人がグループ通算制度を選択する場合には、令和4年3月31日までに開始する事業年度まで単体納税制度による申告作業を行った後、令和4年4月1日以降最初に開始する事業年度開始の日の3ヶ月前までに承認申請書を提出し承認を受けることにより、グループ通算制度の適用を受けることができます。

3月決算法人の場合

R3.3.31　　　R4.3.31　　　R5.3.31

| 単体納税制度 | 単体納税制度 | グループ通算制度 | グループ通算制度 |

**事業年度開始の日の
3ヶ月前（R3.12.31）までに
申請書が必要**

（注）　なお、通算親法人となることができる法人の設立事業年度が設立事業年度等の承認申請特例（法64の9⑦）の適用を受けて通算制度の規定の適用を開始しようとする事業年度（以下「申請特例年度」といいます）である場合のその提出期限は、その設立事業年度開始の日から1ヶ月を経過する日とその設立事業年度終了の日から2ヶ月前の日とのいずれか早い日とされ、また、その設立事業年度の翌事業年度が申請特例年度である場合（その設立事業年度が3ヶ月に満たない場合に限ります）のその提出期限は、その設立事業年度終了の日とその翌事業年度終了の日から2ヶ月前の日とのいずれか早い日とされています（法64の9⑦）。

〈第4章〉

# Q&A
# メリット・デメリット

# Question

　今後の法人税申告においては、グループ通算制度と単体納税制度から選択することになりますが、グループ通算制度の開始前まで利用されていた連結納税制度も含めてメリット・デメリットについて教えて下さい。

# Answer

　各制度（連結納税制度、グループ通算制度、単体納税制度）の変更点およびメリット・デメリットについては下記の通り。

メリット・デメリット

|  | 連結<br>納税制度 | グループ<br>通算制度 | 単体<br>納税制度 |
|---|---|---|---|
| （1）　損益通算 | 連結グループ内の利益と損失を相殺できる | 通算グループ内の利益と損失を相殺できる | できない |
| （2）　欠損金の通算 | 連結グループ内の利益と欠損金を相殺できる | 通算グループ内の利益と欠損金を相殺できる | できない |
| （3）　繰越欠損金の<br>控除限度割合 | 50%<br>中小法人等は所得金額 | | |

|  | 連結<br>納税制度 | グループ<br>通算制度 | 単体<br>納税制度 |
|---|---|---|---|
| （4） 親法人の開始時の<br>時価評価および<br>繰越欠損金の<br>切り捨て | なし | 限定的な<br>制限あり<br>（ほぼなしと<br>言って良い） | なし |
| （5） 親法人の開始前の<br>繰越欠損金への<br>SRLY ルール | 適用されない | 適用される | なし |
| （6） 子法人の開始時の<br>時価評価および<br>繰越欠損金の<br>切り捨て | あり | あり<br>（ただし、連結<br>納税制度より限<br>定的で縮小され<br>ている） | なし |
| （7） 子法人の開始・<br>加入前の<br>繰越欠損金への<br>SRLY ルール | 適用される | | なし |
| （8） 開始・加入後の<br>含み損等の<br>損金算入・<br>損益通算の制限 | 制限なし | 限定的な<br>制限あり | なし |
| （9） 投資簿価修正 | 適用あり | 適用あり<br>追加措置あり | なし |
| （10） 離脱時の時価評価 | なし | 限定的な<br>制限あり | なし |
| （11） 外国税額控除<br>および<br>研究開発税制 | 連結グループ全<br>体で計算できる | 通算グループ全<br>体で計算できる | 単体法人で<br>計算する |
| （12） 中小法人の特例 | 連結親法人で判<br>定し連結親法人<br>が中小法人に該<br>当する場合に利<br>用可<br>（※適用除外事<br>業者の規定あ<br>り） | 全ての通算法人<br>が中小法人に該<br>当する場合に利<br>用可<br>（※適用除外事<br>業者の規定あ<br>り） | 単体法人で判定 |
| （13） 事務負担 | 損益通算、欠損<br>金の通算などを<br>グループ全体が<br>同じスケジュー<br>ルで作業を行う<br>必要がある | 損益通算、欠損<br>金の通算などを<br>グループ全体が<br>同じスケジュー<br>ルで作業を行う<br>必要がある | 単体で行うため<br>グループ全体が<br>同じスケジュー<br>ルで作業を行う<br>必要がない |

## （1）　損益通算

　連結納税制度およびグループ通算制度は、連結グループ内および通算グループ内で損益の通算（利益と損失の相殺）ができることが最大のメリットとなります。

　一方、単体納税制度では得られない特典となります。

## （2）　欠損金の通算

　連結納税制度およびグループ通算制度は、連結グループ内および通算グループ内で欠損金の通算（利益と欠損金の相殺）ができることが損益通算と並び大きなメリットとなります。

　損益通算と同様に単体納税制度では得られない特典となります。

## （3）　繰越欠損金の控除限度割合

　連結納税制度およびグループ通算制度では連結グループ内および通算グループ内に持ち込まれた繰越欠損金の控除限度割合は50％が限度となりますが、連結グループでは親法人が、グループ通算制度では通算グループ内の全ての法人が中小法人等に該当する場合は100％利用できます。単体納税制度では、中小法人等に該当しない場合は50％が限度となり、該当する場合には100％が限度となります。

　中小法人等とは、①普通法人（投資法人、特定目的会社および受

託法人を除きます）のうち、資本金の額もしくは出資金の額が１億円以下であるもの（100％子法人等を除きます）又は資本もしくは出資を有しないもの、②公益法人等、③協同組合等、④人格のない社団等をいいます。

　この100％子法人等とは、①資本金の額もしくは出資金の額が５億円以上の法人又は相互会社等（以下これらを併せて「大法人」といいます）による完全支配関係（一の者が法人の発行済株式等の全部を直接又は間接に保有する関係をいいます）がある普通法人、②完全支配関係がある複数の大法人に発行済株式等の全部を保有されている普通法人をいいます。

## （4）　親法人の開始時の時価評価および　　　繰越欠損金の切り捨て

　連結納税制度では親法人に対して時価評価は不要であり開始前の繰越欠損金は切り捨てられなかったのですが、グループ通算制度では組織再編税制との整合性を合わせるために、親法人に対しても一定の場合について時価評価や繰越欠損金の切り捨て等の制限が加えられました。

　しかし、いずれかの子法人との間に完全支配関係の継続が見込まれる親法人は除外（時価評価除外法人）されているため、ほとんどの親法人については時価評価が不要となります。

　また、時価評価除外法人は繰越欠損金の切り捨ても除外されているため、実質的な不利益はありません。

## （5） 親法人の開始前の繰越欠損金への SRLYルール

　連結納税制度では、親法人の開始前の繰越欠損金にはSRLYルールは適用されませんでしたが、グループ通算制度では親法人の開始前の繰越欠損金に対してSRLYルールが適用されます。

　ここでいうSRLYルールとは、親法人がグループ通算制度を開始する前の単体納税制度で申告を行っていたときに発生していた繰越欠損金は、グループ通算制度の適用後において、自己（親法人）の所得とのみ相殺できるとするルールをいいます。

## （6） 子法人の開始時の時価評価および 繰越欠損金の切り捨て

　連結納税制度では、一定の子法人を除き開始時（加入時を含む）の時価評価および繰越欠損金の切り捨てが行われておりましたが、グループ通算制度では以下の通り時価評価および繰越欠損金の切り捨てが限定的で規模が縮小されています。

　具体的には、以下の子法人について時価評価の対象から除外されています（時価評価除外法人）。

　①適用開始時

　　親法人との間に完全支配関係の継続が見込まれる子法人

　②加入時

　　ア　通算グループ内の新設法人

イ　適格株式交換等により加入した株式交換等完全子法人

ウ　適格組織再編成と同様の要件として次の要件（通算グループへの加入の直前に支配関係がある場合には（ア）から（ウ）の各要件）の全てに該当する子法人

（ア）　通算親法人との間の完全支配関係の継続要件

（イ）　加入法人の従業者継続要件

（ウ）　加入法人の主要事業継続要件

（エ）　通算グループ内のいずれかの法人との間の事業関連性要件

（オ）　事業規模要件又は特定役員引継要件

　また、時価評価除外法人は繰越欠損金の切り捨てについても除外されております。

# （7）　子法人の開始・加入前の繰越欠損金への SRLYルール

　連結納税制度と同様にグループ通算制度においても、子法人の通算制度の開始および通算制度への加入については、繰越欠損金に対してSRLYルールが適用されます。

　ここでいうSRLYルールとは、子法人がグループ通算制度を開始する前および加入前に発生していた繰越欠損金は、グループ通算制度の適用後において、自己（子法人）の所得とのみ相殺できるとするルールをいいます。

## （8） 開始・加入後の含み損等の
## 損金算入・損益通算の制限

　連結納税制度では制限はありませんでしたが、グループ通算制度においては、時価評価除外法人について以下の制限があります。

①制限期間

　　支配関係発生から５年経過日と開始・加入から３年経過した日とのいずれか早い日まで

②支配関係後に新たな事業を開始した場合

　ア　支配関係発生前から有する資産の開始・加入前の実現損からなる欠損金の切り捨て

　イ　支配関係発生前から有する資産の開始・加入後の実現損の損金不算入

③原価および費用の額の合計額のうちに占める損金算入される減価償却費の割合が30％を超える場合には、通算グループ内で生じた欠損金について、損益通算の対象外とし、特定欠損金とする。

④上記②③に該当しない場合には、通算グループ内で生じた欠損金のうち、支配関係発生前から有する資産の実現損からなる欠損金について、損益通算の対象外とした上で、特定欠損金とする。

## （9） 投資簿価修正

　投資簿価修正とは、利益に対する二重課税、損失に対する二重控除を防止するために設けられ、利益積立金を適正にするものです。

　連結納税制度では連結子法人株式を調整する投資簿価修正がありましたが、グループ通算制度では、以下のように改組されています。

①通算グループ内の子法人株式の評価損益および通算グループ内の他の法人に対する譲渡損益を計上しない

②通算グループから離脱する子法人株式の離脱直前の帳簿価額を簿価純資産価額に相当する金額とする

③グループ通算制度の開始又は加入をする子法人で、親法人との間に完全支配関係の継続が見込まれない子法人株式については、株主側において時価評価により評価損益を計上する

## （10） 離脱時の時価評価

　グループ通算税制では原則として離脱時に時価評価は行いません。

　ただし、グループ通算制度から離脱する法人が、主要な事業について継続の見込みがない場合、および帳簿価額が10億円を超える資産の譲渡等による損失を計上することが見込まれ、かつ、その離脱する法人の株式譲渡等による損失が計上されることが見込まれる場合には離脱時にその法人が保有する資産を時価評価し、評価損益を計上します。

以下、時価評価の除外特例

①資産の評価益が評価損を上回る場合

②時価評価の対象となる資産（固定資産、土地等、有価証券、金銭債権および繰延資産）のうち、帳簿価額が1,000万円に満たないもの

③離脱する通算子法人の評価損益が資本金等の額の2分の1又は1,000万円のいずれか少ない金額に満たない場合

（※）　実質的に該当するケースはそれほど多くないと想定されます。

# （11）　外国税額控除および研究開発税制

　連結納税制度からグループ通算制度に移行する改正において、全体計算が維持された部分にあたります。研究開発税制の控除額は試験研究費の支出額の比ではなく納税額のある法人に配分されます。

# （12）　中小法人の特例

　連結納税制度では連結親法人が中小法人に該当する場合に利用することができましたが、グループ通算制度では通算グループ内にある全ての法人が中小法人に該当する場合に利用することができます。

（※）　適用所外事業者の規定あり。

## （13）　事務負担

　連結納税制度では、企業側の事務負担が重いため選択されない背景があることから、制度を簡素化し、グループ内の損益通算を可能とする基本的な枠組みを維持したグループ通算制度へ移行することで、事務負担の軽減を狙った改正となっています。

　単体納税制度に比べれば、事務負担は格段に重くなります。

〈第5章〉

# Q&A
# 損益通算と
# 欠損金額について

# Question

　連結納税制度からグループ通算制度へ移行されますが、最大のメリットと言えば損益通算です。

　損益通算についての基本的な考え方や具体的な計算方法などについて教えて下さい。

# Answer

　グループ通算制度および連結納税制度の醍醐味と言えば、やはり損益通算と繰越欠損金の通算ではないでしょうか。ここでは具体的な計算方法などについて説明をしていきます。

## （1）　損益通算について

　損益通算については、基本的に連結納税制度とグループ通算制度において、特段の変更はありませんが、規定としては以下の通りとなります。

①所得事業年度の通算対象欠損金額の損金算入

　　通算法人の損益通算および欠損金の控除前の所得の金額（以

下「通算前所得金額」といいます）の生ずる事業年度（その通算
法人に係る通算親法人の事業年度終了の日に終了するものに限
ります。以下「所得事業年度」といいます）終了の日（以下①お
いて「基準日」といいます）においてその通算法人との間に通
算完全支配関係がある他の通算法人の基準日に終了する事業年
度において損益通算前の欠損金額（以下「通算前欠損金額」と
いいます）が生ずる場合には、その通算法人のその所得事業年
度の通算対象欠損金額は、その所得事業年度において損金の額
に算入することとされています（法64の5①）。

　すなわち、欠損法人の欠損金額の合計額（所得法人の所得の
金額の合計額を限度）を所得法人の所得の金額の比で配分し、
所得法人において損金算入することを意味します。


　この通算対象欠損金額の算出方法は、


通算対象欠損金額

$$\text{通算対象欠損金額} = \begin{pmatrix}\text{(ア) 他の通算法人の}\\ \text{基準日に終了する}\\ \text{事業年度において生ずる}\\ \text{通算前欠損金額の合計額}\\ \text{(注)}\end{pmatrix} \times \frac{\text{(イ) 通算法人の所得事業年度の}}{\begin{matrix}\text{(ウ) 通算法人の所得事業年度および}\\ \text{他の通算法人の基準日に終了す}\\ \text{る事業年度の通算前所得金額の}\\ \text{合計額}\end{matrix}}$$

（注）その合計額が（ウ）の金額を超える場合には（ウ）の金額

②欠損事業年度の通算対象所得金額の益金算入

　　通算法人の通算前欠損金額の生ずる事業年度（その通算法人に係る通算親法人の事業年度終了の日に終了するものに限ります。以下「欠損事業年度」といいます）終了の日（以下②において「基準日」といいます）においてその通算法人との間に通算完全支配関係がある他の通算法人の基準日に終了する事業年度において通算前所得金額が生ずる場合には、その通算法人のその欠損事業年度の通算対象所得金額は、その欠損事業年度において益金の額に算入することとされています（法64の5③）。

　　すなわち、上記①で所得法人において損金算入された金額の合計額を欠損法人の欠損金額の比で配分し、欠損法人において益金算入することを意味しています。

　　この通算対象所得金額の算出方法は以下の通り

通算対象所得金額

| （ア）他の通算法人の基準日に終了する事業年度の通算前所得金額の合計額（注） | × | （イ）通算法人の欠損事業年度において生ずる通算前欠損金額 |
|---|---|---|
| | | （ウ）通算法人の欠損事業年度および他の通算法人の基準日に終了する事業年度において生ずる通算前欠損金額の合計額 |

（注）その合計額が（ウ）の金額を超える場合には（ウ）の金額

具体的な計算は以下の通り

## グループ通算制度の損益通算例（所得が発生する場合）

| | | 親法人<br>P | 子法人<br>A | 子法人<br>B | 子法人<br>C | 小計 | 合計 |
|---|---|---|---|---|---|---|---|
| 当期 | 所得 | 800 | 400 | | | 1,200 | 600 |
| | 所得（欠損金） | | | △ 250 | △ 350 | △ 600 | |
| 調整<br>配分 | 損金算入 | A △400 | B △200 | | | △ 600 | 0 |
| | 益金算入 | | | C 250 | D 350 | 600 | |
| 損益通算後所得 | | 400 | 200 | 0 | 0 | 600 | 600 |
| 納税 | | あり | あり | なし | なし | | |

親法人P　　(250+350)×800／(800+400)＝400···A
子法人A　　(250+350)×400／(800+400)＝200···B
子法人B　　(400+200)×250／(250+350)＝250···C
子法人C　　(400+200)×350／(250+350)＝350···D

## 連結納税制度の損益通算例

| | | 親法人<br>P | 子法人<br>A | 子法人<br>B | 子法人<br>C | 小計 | 合計 |
|---|---|---|---|---|---|---|---|
| 当期 | 所得 | 800 | 400 | | | 1,200 | 600 |
| | 所得（欠損金） | | | △ 250 | △ 350 | △ 600 | |
| 調整<br>配分 | 損金算入 | | | | | 0 | 0 |
| | 益金算入 | | | | | 0 | |
| 損益通算後所得 | | 800 | 400 | △ 250 | △ 350 | 600 | 600 |
| 納税 | | 全体分を<br>納付 | なし | なし | なし | | |

## グループ通算制度の損益通算例 (所得が発生しない場合)

| | | 親法人 P | 子法人 A | 子法人 B | 子法人 C | 小計 | 合計 |
|---|---|---|---|---|---|---|---|
| 当期 | 所得 | 550 | 50 | | | 600 | △ 600 |
| | 所得 (欠損金) | | | △ 800 | △ 400 | △ 1,200 | |
| 調整配分 | 損金算入 | A △550 | B △50 | | | △ 600 | 0 |
| | 益金算入 | | | C 400 | D 200 | 600 | |
| 損益通算後所得 | | 0 | 0 | △ 400 | △ 200 | △ 600 | △ 600 |
| 納税 | | なし | なし | なし | なし | | |

親法人P　　(550+50)×550／(550+ 50)＝550···A
子法人A　　(550+50)× 50／(550+ 50)＝ 50···B
子法人B　　(550+50)×800／(800+400)＝400···C
子法人C　　(550+50)×400／(800+400)＝200···D

## 連結納税制度の損益通算例

| | | 親法人 P | 子法人 A | 子法人 B | 子法人 C | 小計 | 合計 |
|---|---|---|---|---|---|---|---|
| 当期 | 所得 | 550 | 50 | | | 600 | △ 600 |
| | 所得 (欠損金) | | | △ 800 | △ 400 | △ 1,200 | |
| 調整配分 | 損金算入 | | | | | 0 | 600 |
| | 益金算入 | | | E 400 | F 200 | 600 | |
| 損益通算後所得 | | 550 | 50 | △ 400 | △ 200 | 0 | 0 |
| 納税 | | なし | なし | なし | なし | | |

子法人 B　　(550+50) × 800 ／ (800+400) ＝ 400···E
子法人 C　　(550+50) × 400 ／ (800+400) ＝ 200···F

# Question

　損益通算同様、もう一つの大きなメリットと
言えば欠損金の通算です。
　欠損金の通算についても基本的な考え方や具
体的な計算方法などについて教えて下さい。

# Answer

## （2）　欠損金額の通算について

　開始および加入により欠損金額が制限される場合や、時価評価除
外法人の制限がありますので注意が必要です。具体的には通算グル
ープ内に持ち込めずに切り捨てられることになる欠損金額や、グル
ープ法人間の損益通算の対象外とされ欠損金額の発生した法人の所
得とのみ通算できる特定欠損金額、グループ法人全体で使用できる
非特定欠損金額があります。

　①ここでいう特定欠損金額とは、次の金額をいいます（法64の
　　7②）

ア　通算法人（時価評価除外法人に限ります）の最初通算事業年度（通算制度の承認の効力が生じた日以後最初に終了する事業年度をいいます）開始の日前10年以内に開始した各事業年度において生じた欠損金額

イ　通算法人を合併法人とする適格合併（被合併法人がその通算法人との間に通算完全支配関係がない法人であるものに限ります）が行われたこと又は通算法人との間に完全支配関係がある他の内国法人でその通算法人が発行済株式もしくは出資の全部もしくは一部を有するもの（その通算法人との間に通算完全支配関係がないものに限ります）の残余財産が確定したことに基因して法人税法第57条第2項の規定によりこれらの通算法人の欠損金額とみなされた金額

ウ　通算法人に該当する事業年度において生じた欠損金額のうち法人税法第64条の6の規定により損益通算の対象外とされたもの

②非特定欠損金額（特定欠損金以外の欠損金額）とは、次の金額をいいます

その通算法人の所得の金額を限度とせずに控除ができる欠損金額をいい、グループ通算制度の適用後に生じる欠損金額が該当します。

よって欠損金額とは特定欠損金額と非特定欠損金額で構成
されています。

**[欠損金額 ＝ 特定欠損金額 ＋ 非特定欠損金額]**

③欠損金の損金算入計算方法について

欠損金額の損金算入額の計算は、まず、各通算法人の特定
欠損金額の損金算入額の計算を行い、次に、特定欠損金額以
外の欠損金額の通算グループ全体の合計額を各通算法人に配
賦して各通算法人の非特定欠損金額を計算し、非特定欠損金
額の損金算入額の計算を行います。

各通算法人の欠損金額の損金算入額は、特定欠損金額の損
金算入額と非特定欠損金額の損金算入額の合計額となりま
す。

④条文としては以下の通り

ア　通算法人の過年度の欠損金額の損金算入額の計算

通算法人の過年度の欠損金額の損金算入額の計算は、
欠損金の繰越控除の規定（法 57①）の適用を受ける事
業年度（以下「適用事業年度」といいます）開始の日前
10年以内に開始した各事業年度（以下「10年内事業年
度」といいます）のうち最も古い事業年度から順番に、
その10年内事業年度ごとに計算を行い、その10年内事
業年度ごとに計算した損金算入額の合計額が、その通算

法人の過年度の欠損金額の損金算入額となります（法
64の7①）。

　その10年内事業年度ごとの欠損金額の損金算入額の
計算は、まず、特定欠損金額の損金算入額の計算を行い
（法64の7①三イ）、次に、特定欠損金額以外の欠損金
額の通算グループ全体の合計額を各通算法人に配賦し
て、各通算法人の非特定欠損金額を計算し（法64の7
①二ロ～ニ）、その非特定欠損金額の損金算入額の計算
を行います（法64の7①三ロ）。

　その10年内事業年度ごとの通算法人の欠損金額の損
金算入額は、特定欠損金額の損金算入額と非特定欠損金
額の損金算入額の合計額となります（法64の7①三）。

イ　10年内事業年度ごとの特定欠損金額の損金算入額

　10年内事業年度ごとの特定欠損金額の損金算入額は、
その10年内事業年度の特定欠損金額のうち、特定欠損
金額の損金算入限度額（以下「特定損金算入限度額」と
いいます）に達するまでの金額となります（法64の7①
三イ）。

（ア）　特定損金算入限度額の計算（法64の7①三イ）
　特定損金算入限度額は、次の算式により計算した金額
となります。

特定損金算入限度額

$$
A \begin{array}{c} \text{その通算法人の} \\ \text{その10年内事業年度の} \\ \text{特定欠損金額} \\ \text{（欠損控除前} \\ \text{所得金額（注3）を限度）} \\ \text{（法64の7①三イ柱書）} \end{array} \times \frac{\begin{array}{c} B\ \text{各通算法人の} \\ \text{適用事業年度に係る} \\ \text{損金算入限度額} \\ \text{（注1）の合計額（注2）} \\ \text{（法64の7①三イ（1））} \end{array}}{\begin{array}{c} \text{各通算法人のその10年内} \\ \text{事業年度に係る特定欠損金額} \\ C\ \text{（欠損控除前所得金額を限度）の} \\ \text{合計額} \\ \text{（法64の7①三イ（2）（3））} \end{array}}
$$

　なお、上記算式におけるBの金額がCの金額に占める割合が1を超える場合には、その割合を1として計算し、Cの金額が0の場合には、その割合は0として計算します。

　すなわち、通算グループ全体の損金算入限度額の合計額を上限とした各通算法人の特定欠損金額（欠損控除前所得金額を限度）の合計額を、各通算法人のそれぞれの特定欠損金額（欠損控除前所得金額を限度）の比で配賦した金額が、この特定損金算入限度額となります。

（注）

1　損金算入限度額とは、法人税法第57条第1項ただし書に規定する損金算入限度額、すなわち、その通算法人の所得金額の50％に相当する金額（中小法人等、更生法人等および新設法人については、所得金額）をいいます（法64の7①二ハ（2））。

2　この合計額からは、その10年内事業年度より古い10年内事業
　年度で生じた欠損金額とされた金額で法人税法第57条第1項
　により損金算入される金額の合計額を控除します。

3　欠損控除前所得金額とは、法人税法第57条第1項の規定等を
　適用しないものとして計算した場合における適用事業年度の所
　得金額から、その10年内事業年度より古い10年内事業年度で
　生じた欠損金額とされた金額で法人税法第57条第1項により
　損金算入される金額を控除した金額をいいます。

　　ウ　10年内事業年度ごとの非特定欠損金額の損金算入額

　　　　10年内事業年度ごとの非特定欠損金額の損金算入額
　　　は、その10年内事業年度の非特定欠損金額のうち、非
　　　特定欠損金額の損金算入限度額（以下「非特定損金算入
　　　限度額」といいます）に達するまでの金額となります（法
　　　64の7①三ロ）。

　　（ア）　各通算法人の非特定欠損金額の計算

　　　　　非特定損金算入限度額の計算を行う場合には、ま
　　　ず、その10年内事業年度に生じた欠損金額のうち
　　　特定欠損金額以外の金額の通算グループ全体の合計
　　　額を各通算法人に配賦して、各通算法人の非特定欠
　　　損金額を計算します（法64の7①二）。

　　　　　この非特定欠損金額とは、その10年内事業年度

に通算法人で生じた特定欠損金額以外の欠損金額
に、（A）次の（イ）の算式により計算した金額（以下
「非特定欠損金配賦額」といいます）がその特定欠損
金額以外の欠損金額を超える場合にはその超える部
分の金額（以下「被配賦欠損金額」といいます）を加
算し、（B）非特定欠損金配賦額がその特定欠損金額
以外の欠損金額に満たない場合にはその満たない部
分の金額（以下「配賦欠損金額」といいます）を控除
した金額をいいます（法64の7①二）。 すなわち、
通算グループ全体の特定欠損金額以外の欠損金額の
合計額を、各通算法人のそれぞれの損金算入限度額
（注4）の比で配賦した金額が、この非特定欠損金
額となります。

（イ）　非特定欠損金配賦額の計算
　　　非特定欠損金配賦額とは、次の算式により計算し
た金額をいいます。

非特定欠損金配賦額

$$
A \begin{array}{c} \text{各通算法人の} \\ \text{その10年内事業年度に係る} \\ \text{特定欠損金額以外の} \\ \text{欠損金額} \\ \text{(法64の7①二ハ(1))} \end{array} \times \cfrac{ B \begin{array}{c} \text{その通算法人の} \\ \text{適用事業年度の} \\ \text{損金算入限度額(注4)} \\ \text{(法64の7①二ハ(2))} \end{array} }{ C \begin{array}{c} \text{各通算法人の} \\ \text{適用事業年度に係る} \\ \text{損金算入限度額の合計額} \\ \text{(法64の7①二ハ(2)} \\ \text{(3))} \end{array} }
$$

（注）

4　上記（ア）および（イ）の損金算入限度額からは、（A）その10年内事業年度より古い10年内事業年度で生じた欠損金額とされた金額で法人税法第57条第1項により損金算入される金額および（B）その10年内事業年度に係る対応事業年度で生じた特定欠損金額で法人税法第57条第1項により損金算入される金額を控除します。

（ウ）　非特定損金算入限度額の計算（法64の7①三ロ）
　　　非特定損金算入限度額は、次の算式により計算した金額となります。

非特定損金算入限度額

$$
A \left(
\begin{array}{c}
\text{その通算法人の} \\
\text{その10年内事業年度の} \\
\text{非特定欠損金額} \\
\text{(法64の7①三ロ柱書)}
\end{array}
\right)
\times
\dfrac{
B \left(
\begin{array}{c}
\text{各通算法人の} \\
\text{適用事業年度に係る} \\
\text{損金算入限度額の合計額(注5)} \\
\text{(法64の7①三ロ(1))}
\end{array}
\right)
}{
C \left(
\begin{array}{c}
\text{各通算法人の} \\
\text{その10年内事業年度に係る} \\
\text{特定欠損金額以外の} \\
\text{欠損金額の合計額} \\
\text{(法64の7①三ロ(2))}
\end{array}
\right)
}
$$

　なお、この計算において、上記算式におけるBの金額がCの金額のうちに占める割合（以下「非特定損金算入割合」といいます）が1を超える場合には、その割合を1として計算し、Cの金額が0の場合には、その割合は0として計算します。

　すなわち、通算グループ全体の損金算入限度額の合計額を、各通算法人のそれぞれの非特定欠損金額の比で配賦した金額が非特定損金算入限度額となります。

（注）

5　この合計額からは、（A）その10年内事業年度より古い10年内事業年度で生じた欠損金額とされた金額で法人税法第57条第1項により損金算入される金額の合計額および（B）その10年内事業年度に係る対応事業年度で生じた特定欠損金額で法人税法第57条第1項により損金算入される金額の合計額を控除し

ます。

エ　翌期以後に繰り越す欠損金額は、次の（ア）の損金算入
　　欠損金額が各通算法人の損金の額に算入されたものとし
　　て計算を行います（法64の7①四）。
（ア）損金算入欠損金額
　　　損金算入欠損金額とは、次の㋐および㋑の金額の
　　合計額をいいます。
　㋐　その通算法人のその10年内事業年度において生
　　　じた特定欠損金額のうち特定損金算入限度額に達
　　　するまでの金額
　㋑　その通算法人のその10年内事業年度において生
　　　じた特定欠損金額以外の欠損金額に非特定損金算
　　　入割合を乗じて計算した金額

⑤それでは、実際に計算を行ってみましょう

各通算法人の損益通算状況

| | | 親法人<br>P | 子法人<br>A | 子法人<br>B | 子法人<br>C | 小計 | 合計 |
|---|---|---|---|---|---|---|---|
| 当期 | 所得 | 800 | 400 | | | 1,200 | 600 |
| | 所得（欠損金） | | | △250 | △350 | △600 | |
| 調整<br>配分 | 損金算入 | △400 | △200 | | | △600 | 0 |
| | 益金算入 | | | 250 | 350 | 600 | |
| 損益通算後所得 | | 400 | 200 | 0 | 0 | 600 | 600 |

## 各通算法人の欠損金額の状況

| 事業年度 | 親法人　P 大法人 特定欠損金 | 親法人　P 大法人 非特定欠損金 | 子法人　A 大法人 特定欠損金 | 子法人　A 大法人 非特定欠損金 | 子法人　B 大法人 特定欠損金 | 子法人　B 大法人 非特定欠損金 | 子法人　C 大法人 特定欠損金 | 子法人　C 大法人 非特定欠損金 | 合計 大法人 特定欠損金 | 合計 大法人 非特定欠損金 |
|---|---|---|---|---|---|---|---|---|---|---|
| X-10年 | | | | | | | | | | |
| X-9年 | | | | | | | | | | |
| X-8年 | | | | | | | | | | |
| X-7年 | 100 | | | | | | | | 100 | |
| X-6年 | | | | | 30 | | | | 30 | |
| X-5年 | | | 50 | | | | | | 50 | |
| X-4年 | | 65 | | 55 | | 45 | | 35 | | 200 |
| X-3年 | | | | | | | | | | |
| X-2年 | | | | | | | | | | |
| 当期X年-1 | | | | | | | | | | |
| 合計 | 100 | 65 | 50 | 55 | 30 | 45 | 0 | 35 | 180 | 200 |

　ア　特定欠損金額の損金算入限度額

　　（ア）各通算法人の損金算入限度額の合計額

　　　　親法人P　　　400×50%＝200

　　　　子法人A　　　200×50%＝100

　　　　子法人B　　　　0×50%＝　　0

　　　　合計　　　　200+100+0＝300

　　（イ）特定欠損金額のうち欠損金額控除所得金額に達す
　　　　るまでの金額

　　　　親法人P　　100＜400　　100

子法人A　　50＜200　　50

子法人B　　30＞0　　　　0


（ウ）損金算入限度額

親法人P　　100×300／（100+50）（注）＝100

子法人A　　50×300／（100+50）（注）＝　50

子法人B　　　0×300／（100+50）（注）＝　　0

（注）分数式＝0なら0、分数式＞1なら1

300／（100+50）＞1→分数式＝1


イ　非特定欠損金額の損金算入限度額

（ア）各通算法人の損金算入限度額の合計額

親法人P　　400×50％＝200

親法人P　　特定欠損金100

子法人A　　200×50％＝100

子法人A　　特定欠損金 50

（200－100）＋（100－50）＝150


（イ）非特定欠損金配賦額の計算

親法人P　　200×（400×50％－100）／（400×50

　　　　　　％－100）＋（200×50％－50）＝133

子法人A　　200×（200×50％ －50）／（400×50

　　　　　　％－100）＋（200×50％－50）＝ 66

（ウ）損金算入限度額

　　親法人P　　133×150／200＝100

　　子法人A　　 66×150／200＝ 50

　　（注）分数式＝0なら0、分数式＞1なら1

## 欠損金額の損金算入額計算

| | | | 親法人<br>P | 子法人<br>A | 子法人<br>B | 子法人<br>C | 合計 |
|---|---|---|---|---|---|---|---|
| 特定欠損金の損金算入額の計算 | A | 損金算入限度額<br>（所得×50%） | ア<br>（ア） | 200 | 100 | 0 | 0 | 300 |
| | B | 特定欠損金額 | | 100 | 50 | 30 | 0 | 180 |
| | C | 特定欠損金額の<br>損金算入限度額 | ア<br>（ウ） | 100 | 50 | 0 | 0 | 150 |
| | D | 特定欠損金額の<br>損金算入額 | | 100 | 50 | 0 | 0 | 150 |
| 非特定欠損金の損金算入額の計算 | E | 特定欠損金額<br>控除後の<br>損金算入限度額 | イ<br>（ア） | 100 | 50 | 0 | 0 | 150 |
| | F | 特定欠損金額<br>以外の欠損金額<br>（非特定欠損金額） | | 65 | 55 | 45 | 35 | 200 |
| | G | 非特定<br>欠損金配賦額 | イ<br>（イ） | 133 | 66 | 0 | 0 | 199 |
| | H | 被配賦欠損金額 | | 68<br>(133>65)<br>(133−65) | 11<br>(66>55)<br>(66−55) | | | 79 |

| | | 親法人 P | 子法人 A | 子法人 B | 子法人 C | 合計 |
|---|---|---|---|---|---|---|
| 非特定欠損金の損金算入額の計算 | I 配賦欠損金額 | | | 45 ( 0<45 / 45-0=45 ) | 35 ( 0<35 / 35-0=35 ) | 80 |
| | J 非特定欠損金額 | 133 (F+H) | 66 (F+H) | 0 (F-I) | 0 (F-I) | 199 |
| | K 非特定損金算入割合 | (300-150)／200=150／200=0.75 | | | | |
| | L 非特定欠損金額の損金算入限度額 | イ (ウ) 100 (133×0.75) | 50 (66×0.75) | 0 | 0 | 150 |
| | M 特定欠損金額の損金算入額 | 100 | 50 | 0 | 0 | 150 |
| | N 欠損金額の損金算入額 L+M | 200 | 100 | 0 | 0 | 300 |

## 欠損金額の翌期繰越額

| | 親法人 P | 子法人 A | 子法人 B | 子法人 C | 合計 |
|---|---|---|---|---|---|
| 繰越欠損金額合計 | 165 | 105 | 75 | 35 | 380 |
| 特定欠損金額 | 100 | 50 | 30 | 0 | 180 |
| 非特定欠損金額 | 65 | 55 | 45 | 35 | 200 |
| 特定欠損金額の損金算入額 | 100 | 50 | 0 | 0 | 150 |
| 特定欠損金額以外の欠損金 × 非特定損金算入割合 損金算入額 | 49 (65×150／200) | 41 (55×150／200) | 34 (45×150／200) | 26 (35×150／200) | 150 |
| 翌期繰越欠損金額合計 | 16 | 14 | 41 | 9 | 80 |
| 特定欠損金額 | 0 | 0 | 30 | 0 | 30 |
| 非特定欠損金額 | 16 | 14 | 11 | 9 | 50 |

# （3） 修正および更正時の処理について

## ①損益通算

　　グループ通算制度の適用法人又は通算グループ内の他の法人の所得金額又は欠損金額が期限内申告に記載されたものと異なる場合は、期限内申告書に記載された所得金額又は欠損金額を固定して損益通算の損金算入又は益金算入の計算を行います。

## ②欠損金の通算

　　ア　通算グループ内の他の法人の当期所得金額又は過年度の欠損金額が期限内申告書に記載されたものと異なる場合は、期限内申告書に記載された当期所得金額又は過年度の欠損金額を固定します。

　　イ　グループ通算制度の適用法人の当期所得金額又は過年度の欠損金額が期限内申告書に記載されたものと異なる場合には、欠損金額および中小法人等以外の控除限度額（欠損金の繰越控除前の所得金額の50％相当額）で期限内申告において通算グループ内の他の法人との間で授受した金額を固定した上で、適用法人のみ欠損金の繰越控除額を再計算します。

（※）　法人税の負担を不当に減少させる結果となると認められるときは、税務署長は上記①②を適用しないことができます。

③条文としては以下の通り

　ア　他の通算法人の修正申告等による通算法人（自社）への
　　影響の遮断

　　　他の通算法人の次の（ア）から（カ）の金額が修正申告
　　等により期限内申告書に添付された書類に記載された金
　　額と異なることとなった場合には、通算法人の欠損金の
　　通算の規定（法64の7①）による損金算入額の計算上は、
　　その書類に記載された金額を次の（ア）から（カ）までの
　　金額とみなすこととされています（法64の7④）。

　　　すなわち、修正申告等により通算グループ内の他の通
　　算法人の損金算入限度額等が増減したとしても、その増
　　減がなかった通算法人は、当該他の通算法人の損金算入
　　限度額等を期限内申告書に添付された書類に記載された
　　金額に固定して損金算入額を算出することにより、他の
　　通算法人の修正申告等による影響を遮断することとして
　　います。

　　（ア）　他の通算法人の損金算入限度額（注1）
　　（イ）　他の通算法人において生じた欠損金額
　　（ウ）　他の通算法人において生じた特定欠損金額
　　（エ）　上記（イ）のうち他の通算法人の損金の額に算入
　　　　　される金額
　　（オ）　上記（ウ）のうち他の通算法人の損金の額に算入
　　　　　される金額

　　　　(カ)　他の通算法人の所得金額

(注)

1　損金算入限度額とは、法人税法第57条第１項ただし書に規定
　　する損金算入限度額、すなわち、その通算法人の所得金額の
　　50％に相当する金額（中小法人等、更生法人等および新設法人
　　については、所得金額）をいいます（法64の７①二ハ（２））。

　　　イ　修正申告等を行った通算法人の過年度の欠損金額の損金
　　　　算入額の計算
　　　　　通算法人の修正申告等により損金算入限度額等の金額
　　　　が期限内申告書に添付された書類に記載された金額と異
　　　　なることとなった場合には、その通算法人の損金の額に
　　　　算入される過年度の欠損金額は、次の（ア）および（イ）
　　　　の金額の合計額とされます（法64の７⑤）。
　　　（ア）　期限内申告書に添付した書類に次の㋐から㋑まで
　　　　　の金額として記載された金額を修正申告等後の㋐
　　　　　から㋑までの金額とみなした場合における被配賦
　　　　　欠損金控除額（注２）（法64の７⑤一）
　　　　　　すなわち、当初申告において他の通算法人から
　　　　　配賦された欠損金額で通算法人の所得金額から控
　　　　　除した金額は、損金の額に算入される金額となり
　　　　　ます。

⑦通算法人の損金算入限度額

⑦通算法人において生じた欠損金額

⑦通算法人において生じた特定欠損金額

⑦通算法人の特定損金算入限度額

⑦通算法人の非特定損金算入限度額

（イ）　その通算法人の過年度の欠損金額のうち次の⑦の
金額をないものとし、その通算法人の損金算入限
度額を次の⑦の金額とし、かつ、欠損金の通算の
規定（法64の7 ①二・三）を適用しないものと
した場合に欠損金の繰越しの規定（法57①）によ
り損金の額に算入される金額（法64の7⑤二）

すなわち、通算法人の過年度の欠損金額のうち、
当初申告において他の通算法人に配賦した欠損金
額で他の通算法人の所得金額から控除した金額
（次の⑦の金額）を、その通算法人の過年度の欠
損金額から控除した上で、その控除後の欠損金額
のうち損金算入限度額とされる金額（次の⑦の金
額）に達するまでの金額が、損金の額に算入され
る金額となります。

⑦過年度の欠損金額のうち、ないものとされる金額

その通算法人において生じた欠損金額のうち、期限
内申告書に添付した書類に 上記（ア）の⑦から⑦まで
の金額として記載された金額を修正申告等後の⑦から

④までの金額とみなした場合における配賦欠損金控除
　　　額（注3）（法64の7⑤ニイ）。

　⑦損金算入限度額とされる金額

　　　通算法人の修正申告等後の損金算入限度額に、次の
　　Aの金額がある場合にはその金額を加算し、次のBの
　　金額がある場合にはその金額を控除した金額から、上
　　記（ア）の金額（被配賦欠損金控除額）を控除した金額
　　（法64の7⑤ニロ）。

　　　すなわち、修正申告等後の損金算入限度額に、期限
　　内申告書で他の通算法人から配賦を受けた損金算入限
　　度額（次のAの金額）がある場合にはその金額を加算
　　し、他の通算法人に配賦をした損金算入限度額（次の
　　Bの金額）がある場合には その金額を控除し、更に上
　　記（ア）で損金の額に算入される金額を控除した金額
　　が、損金算入限度額とされる金額となります。

A　当初損金算入超過額（注4）（法64の7⑤ニロ（1））

　（A）　期限内申告書に添付された書類に法人税法第
　　　　57条第1項の規定により損金の額に算入され
　　　　る金額として記載された金額

　（B）　その通算法人の期限内申告書に添付された書
　　　　類に記載された損金算入限度額

B　当初損金算入不足額（注5）に損金算入不足割合（注6）
　を乗じて計算した金額（法64の7⑤ニロ（2））

（注）

2　被配賦欠損金控除額とは、非特定欠損金配賦額が特定欠損金額以外の欠損金額を超える場合のその超える部分の金額（法64の7①二ハ、以下「被配賦欠損金額」といいます）に非特定損金算入割合（法64の7①三ロ）を乗じて計算した金額をいいます。

3　配賦欠損金控除額とは、非特定欠損金配賦額が特定欠損金額以外の欠損金額 に満たない場合のその満たない部分の金額（法64の7①二二、以下「配賦欠損金額」といいます）に非特定損金算入割合を乗じて計算した金額をいいます。

4　当初損金算入超過額とは、（イ）⑦Ａ（Ａ）の金額が（Ｂ）の金額を超える場合における その超える部分の金額をいいます。

5　当初損金算入不足額とは、（イ）⑦Ａ（Ａ）の金額が（Ｂ）の金額に満たない場合におけるその満たない部分の金額をいいます。

6　損金算入不足割合とは、次の算式により計算した割合をいいます。

損金算入不足割合

$$
損金算入不足割合 \ = \ \frac{各通算法人の当初損金算入超過額の合計}{各通算法人の当初損金算入不足額の合計}
$$

④それでは修正および更正等の計算を損益通算で行ってみましょう

原則は当初申告（期限内申告）を固定し是正のある法人のみを再計算することになります。参考に全体を再計算した場合も掲載いたします。

当初申告（期限内申告）

| | | 親法人P | 子法人A | 子法人B | 子法人C | 小計 | 合計 |
|---|---|---|---|---|---|---|---|
| 当期 | 所得 | 800 | 400 | | | 1,200 | 600 |
| | 所得（欠損金） | | | △250 | △350 | △600 | |
| 調整配分 | 損金算入 | A △400 | B △200 | | | △600 | 0 |
| | 益金算入 | | | C 250 | D 350 | 600 | |
| 損益通算後所得 | | 400 | 200 | 0 | 0 | 600 | 600 |

親法人P　　(250+350)×800／(800+400)＝400…A
子法人A　　(250+350)×400／(800+400)＝200…B
子法人B　　(400+200)×250／(250+350)＝250…C
子法人C　　(400+200)×350／(250+350)＝350…D

子法人Bに150の所得増差が発生した場合

＜原則＞期限内申告を固定し損益通算をやり直さない場合
　　　　（子法人Bのみ再計算）

| | | 親法人P | 子法人A | 子法人B | 子法人C | 小計 | 合計 |
|---|---|---|---|---|---|---|---|
| 当期 | 所得 | 800 | 400 | | | 1,200 | 600 |
| | 所得（欠損金） | | | △250 | △350 | △600 | |
| | **否認額** | | | **150** | | **150** | **150** |
| 調整配分 | 損金算入 | △400 | △200 | | | △600 | 0 |
| | 益金算入 | | | 250 | 350 | 600 | |
| | 損益通算後所得 | 400 | 200 | **150** | 0 | 750 | 750 |

＜参考＞課税庁より不当だとの指摘を受け、
　　　　期限内申告を固定せず損益通算の全体をやり直す場合

| | | 親法人P | 子法人A | 子法人B | 子法人C | 小計 | 合計 |
|---|---|---|---|---|---|---|---|
| 当期 | 所得 | 800 | 400 | | | 1,200 | 600 |
| | 所得（欠損金） | | | △250 | △350 | △600 | |
| | **否認額** | | | **150** | | **150** | **150** |
| 調整配分 | 損金算入 | E △300 | F △150 | | | △450 | 0 |
| | 益金算入 | | | G 100 | H 350 | 450 | |
| | 損益通算後所得 | **500** | **250** | 0 | 0 | 750 | 750 |

親法人P　　（250−150+350）×800 ／（800+400）＝300···E
子法人A　　（250−150+350）×400 ／（800+400）＝150···F
子法人B　　（300+150）×100 ／（100+350）＝100···G
子法人C　　（300+150）×350 ／（100+350）＝350···H

〈第6章〉

# Q&A
# 時価評価

# Question

グループ通算制度では時価評価という表現が度々でてきます。

具体的にどのような場合に行わなければならないかを連結納税制度と比較して教えて下さい。

# Answer

## （1）　開始・加入に伴う時価評価

グループ通算制度の開始・加入は、課税上、実態的には合併と同様の行為であると考えられるため、親法人又は子法人について、開始・加入に伴い、組織再編税制と同様の要件と利用制限（時価評価、含み損等の損金算入、損益通算の制限）を課す取り扱いに見直されています。ここでは、時価評価について説明していきます。

まず、連結納税制度の時価評価はどうだったのかをおさらいしておきます。

126

＜連結納税制度＞

　親法人に対する時価評価はなく、子法人が連結納税を開始する場合および加入する場合に原則として保有資産を時価評価することとなっています。


イメージ

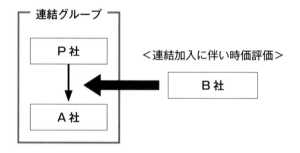


　しかし、例外として、以下の子法人は時価評価とならない除外規定が設けられています。

・適用開始時

　　①株式移転による完全子法人

　　②長期保有子法人

　　③グループ内新設子法人

　　④適格株式交換等に係る完全子法人

　　⑤適格合併等に係る被合併法人等が保有する長期保有子法人に準ずるもの

　　⑥やむを得ない事由により完全支配関係が生じた子法人

・加入時

　①グループ内新設子法人

　②適格株式交換等に係る完全子法人

　③適格合併等に係る被合併法人等が保有する長期保有子法人に準ずるもの

　④やむを得ない事由により完全支配関係が生じた子法人

＜グループ通算制度＞

　一方、グループ通算制度の時価評価については、子会社に留まらず親会社にも範囲が拡大していますが、例外として時価評価除外法人に該当する場合には時価評価を回避することができます。

・適用開始時

　①親法人…いずれかの子法人との間に完全支配関係の継続が見込まれる法人

　②子法人…親法人との間に完全支配関係の継続が見込まれる法人

イメージ

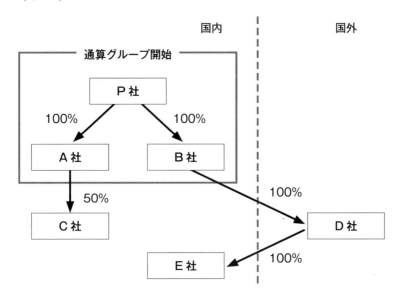

・加入時（子法人について）

　①通算グループ内の新設法人

　②適格株式交換等により加入した株式交換等完全子法人

　③適格組織再編成と同様の要件を満たす法人

　　ア　加入前に支配関係がある場合で下記の全ての要件を満たす

　　　　法人

　　（ア）通算親法人との間の完全支配関係の継続要件

　　（イ）加入法人の従業者継続要件

　　　　　　完全支配関係となった時の直前の従業者総数のうち、

　　　　　おおむね80％以上の者がその法人の業務に引き続き従

　　　　　事することが見込まれること

（ウ）加入法人の主要事業継続要件

　　　完全支配関係を有することとなる前に行っていた主要
　　な事業が引き続き行われることが見込まれること

イ　加入直前に支配関係がない場合で下記の全ての要件を満た
　　す法人

（ア）　上記アの（ア）（イ）（ウ）３つの要件

（イ）　加入法人の主要な事業と通算グループ内のいずれかの
　　　法人との間の事業関連性要件

（ウ）　上記（イ）事業の事業規模比５倍以内要件又は、加入
　　　法人の特定役員継続要件

　　　　子法人と親法人のそれぞれの売上高、従業員の数も
　　しくはこれらに準ずるものの規模がおおむね５倍を超
　　えないこと、又は完全支配関係発生の前日に存在して
　　いた子法人の特定役員（社長、副社長、代表取締役、
　　代表執行役、専務取締役、常務取締役又はこれらに準
　　ずる者で経営に従事している者）の全てが完全支配関
　　係を有することとなったことに伴って退任することが
　　ないこと

イメージ

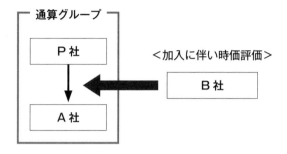

・離脱時の時価評価について

　連結納税制度では子法人が連結グループから離脱する際に時価評価を行う必要性はありませんでしたが、グループ通算制度においては、限定的ではありますが制限が加えられており時価評価を行うことになります。

イメージ

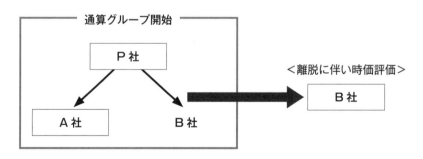

　時価評価が必要になる法人は次の通り

・離脱時（子法人について）

　①離脱等の前に行う主要な事業が離脱等後において引き続き行われることが見込まれていない通算法人

　②通算法人の株式を有する他の通算法人において、その通算法人の離脱等の後にその株式の譲渡等による損失の計上が見込まれている場合のその通算法人

　次に、時価評価を行う資産の範囲については、固定資産、土地（土地の上に存する権利を含みます）、有価証券、金銭債権および繰延資産となりますが、一定の資産については除かれることから、多少の相違があります。

　ここでは、適用開始時、加入時、離脱時に分けてそれぞれについて記載をします。

[適用開始時の時価評価資産から除外される資産]

　①資産の帳簿価額が1,000万円に満たない資産

　②売買目的有価証券および償還有価証券

　③グループ通算制度を開始する最初の事業年度開始の日の５年前の日以降に終了する各法人の各事業年度において、圧縮記帳等の適用を受けた減価償却資産（適格合併等により受け入れた減価償却資産で、圧縮記帳等の適用を受けた資産を含みます）

　④資産の時価と帳簿価額との差額がその資産を有する法人の資本金等の額の２分の１もしくは1,000万円のいずれか少ない金額

に満たない場合のその資産（差額とはグループ通算制度を開始する最初の事業年度開始の日の5年前の日以降に終了する各事業年度において、減価償却資産以外で圧縮記帳の適用を受けた資産で、その時価が帳簿価額を超えるものについては、圧縮記帳の適用により圧縮損として損金の額に算入された金額又は、その超える部分の金額のいずれか少ない金額を控除した金額をいいます）

⑤通算親法人との間に完全支配関係がある一定の内国子法人の株式又は出資で、その時価が帳簿価額に満たないもの

⑥グループ通算制度の親法人および子法人となる法人が、他の通算グループに属していた場合のその法人が有する他の通算法人の株式および出資（通算親法人を除きます）

⑦通算親法人となる法人の最初の事業年度終了の日までにその通算親会社との間に完全支配関係（グループ通算制度の除外規定に該当する法人を除く）がなくなる子法人のうち、その最初の事業年度開始の日以降2ヶ月以内に株式の売却等一定の事由が生じることにより完全支配関係を有しなくなった子法人の有する資産（通算グループ内の合併又は残余財産の確定により、親法人よる完全支配関係を有しなくなる法人を除きます）

[加入時に時価評価資産から除外される資産]
　①資産の帳簿価額が1,000万円に満たない資産
　②売買目的有価証券および償還有価証券

③通算親法人との間に完全支配関係（グループ通算制度の除外規定に該当する法人を除きます）を有することとなった日以降最初に開始する事業年度開始の日の５年前の日以降に終了する子法人の各事業年度において、圧縮記帳等の適用を受けた減価償却資産（適格合併等により受け入れた減価償却資産で、圧縮記帳等の適用を受けた資産を含みます）

④資産の時価と帳簿価額との差額がその子法人の資本金等の額の２分の１もしくは1,000万円のいずれか少ない金額に満たない場合のその資産（差額とはグループ通算制度に加入する最初の事業年度開始の日の５年前の日以降に終了する各事業年度において、減価償却資産以外で圧縮記帳の適用を受けた資産で、その時価が帳簿価額を超えるものについては、圧縮記帳の適用により圧縮損として損金の額に算入された金額又は、その超える部分の金額のいずれか少ない金額を控除した金額をいいます）

⑤通算子法人となる法人との間に完全支配関係がある一定の内国子法人の株式又は出資で、その時価が帳簿価額に満たないもの

⑥グループ通算制度の通算子法人となる法人が、他の通算グループに属していた場合のその法人が有する他の通算法人の株式および出資（通算親法人を除きます）

⑦通算親法人との間に完全支配関係（グループ通算制度の除外規定に該当する法人を除きます）を有することとなった日の属する通算親法人の事業年度終了の日までに完全支配関係を有しなくなる子法人のうち、その完全支配関係を有することとなった

日以降２ヶ月以内に株式の売却等一定の事由が生じることにより完全支配関係を有しなくなった子法人の有する資産（通算グループ内の合併又は残余財産の確定により、親法人よる完全支配関係を有しなくなる法人を除きます）

[離脱時に時価評価資産から除外される資産]
①資産の帳簿価額が1,000万円に満たない資産
②売買目的有価証券および償還有価証券
③グループ通算制度の承認効力を失う日の前日の属する事業年度終了の日の翌日の５年前の日以降に終了する各事業年度において、圧縮記帳等の適用を受けた減価償却資産（適格合併等により受け入れた減価償却資産で、圧縮記帳等の適用を受けた資産を含みます）
④資産の時価と帳簿価額との差額がその子法人の資本金等の額の２分の１もしくは1,000万円のいずれか少ない金額に満たない場合のその資産（差額とはグループ通算制度から離脱の日の５年前の日以降に終了する各事業年度において、減価償却資産以外で圧縮記帳の適用を受けた資産で、その時価が帳簿価額を超えるものについては、圧縮記帳の適用により圧縮損として損金の額に算入された金額又は、その超える部分の金額のいずれか少ない金額を控除した金額をいいます）
⑤通算制度から離脱する子法人との間に完全支配関係がある一定の内国子法人の株式又は出資で、その時価が帳簿価額に満たな

いもの

⑥グループ通算制度から離脱する通算子法人が、有する他の通算法人の株式および出資（通算親法人を除きます）

⑦通算制度から離脱する通算法人の株式又は出資を有する他の通算法人において、通算制度の承認効力を失う日の前日の属する事業年度終了後に、その株式又は出資の譲渡又は評価替えによる損失の額として損金の額に算入される一定の金額が生ずることが見込まれる法人は時価評価が必要になりますが、上記①〜⑥を除き有する資産のうち次に掲げる資産については時価評価対象から除かれます

・通算制度の承認効力を失う日の前日の属する事業年度終了時における帳簿価額が10億円以下の資産

・通算制度の承認効力を失う日の前日の属する事業年度終了時における帳簿価額が10億円超の資産のうち、その事後に譲渡、評価替え、貸倒れ、除却その他これらに類する事由が生ずることが見込まれていない資産

（※）　グループ通算制度の除外規定に該当する法人を除くとは通算除外法人および外国法人が介在しない一定の関係をいいます。

通算除外法人とは、以下の通り

ア　青色申告の承認取り消し通知を受けた法人で、その通知を受けた日から同日以降5年を経過する日の属する事業年度

終了の日までの期間を経過していない法人

イ　青色申告の取りやめの届出書を提出した法人で、その届出書を提出した日から同日以降１年を経過する日の属する事業年度終了の日までの期間を経過していない法人

ウ　投資信託および投資法人に関する法律に規定する投資法人

エ　資産の流動化に関する法律に規定する特定目的会社

オ　普通法人以外の法人

カ　破産手続き開始の決定を受けた法人

キ　通算親法人との間に完全支配関係を有しなくなったことにより通算承認の効力を失った通算子法人であった法人で、再びその通算親法人との間にその通算親法人による完全支配関係を有することとなったもののうち、その効力を失った日から同日以降５年を経過する日の属する事業年度終了の日までの期間を経過していない法人

ク　その他一定の法人（法人課税信託に係る法人税法に規定する受託法人など）

〈第7章〉

# 有利不利

グループ通算制度の開始（令和４年４月１日以降開始事業年度）が迫っている状況において、単体納税制度を選択していた法人グループが、連結納税制度を選択した後にグループ通算制度へ移行する方法を取ることによって有利となるケースについては、既に対応済みと考えられるため、この章では連結納税制度の取りやめ、グループ通算制度への加入および単体納税制度の継続の選択の参考になるように記載していきます。

　既に制度の概要と損益通算、繰越欠損金および時価評価については、前章までに記載した通りであるため、それぞれの法人グループについてこの段階で有利不利が生じている可能性があります。やはり損益通算と繰越欠損金の利用はグループ通算制度を選択する上での大きな特典であり、単体納税制度ではあり得ないことであるため、選択時の動機としてまず考えられる内容となります。

　続いて、税額の計算や事務手続き等の部分について掘り下げていきます。

## グループ通算制度の税額計算フロー

**グループ通算制度**

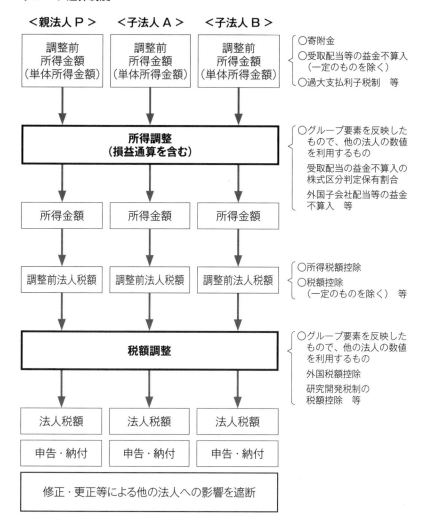

```
<親法人P>        <子法人A>        <子法人B>

調整前            調整前            調整前              ○寄附金
所得金額          所得金額          所得金額            ○受取配当等の益金不算入
（単体所得金額）  （単体所得金額）  （単体所得金額）      （一定のものを除く）
                                                        ○過大支払利子税制　等

            所得調整                                   ○グループ要素を反映した
          （損益通算を含む）                             もので、他の法人の数値
                                                          を利用するもの
                                                          受取配当の益金不算入の
                                                          株式区分判定保有割合
所得金額          所得金額          所得金額            外国子会社配当等の益金
                                                          不算入　等

調整前法人税額    調整前法人税額    調整前法人税額      ○所得税額控除
                                                        ○税額控除
                                                          （一定のものを除く）　等

                税額調整                                ○グループ要素を反映した
                                                          もので、他の法人の数値
                                                          を利用するもの
                                                          外国税額控除
                                                          研究開発税制の
法人税額          法人税額          法人税額              税額控除　等

申告・納付        申告・納付        申告・納付

修正・更正等による他の法人への影響を遮断
```

（税制調査会「連結納税制度に関する専門家会合」資料に加筆）

グループ通算制度の入門　　　　141

## 連結納税制度の税額計算フロー

**連結納税制度**

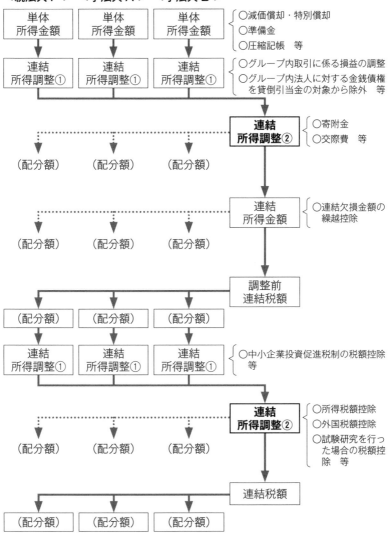

有利不利比較表

| | | 連結納税制度 | グループ通算制度 | 単体納税制度 |
|---|---|---|---|---|
| 1 | 電子申告 | 資本金1億円以上の親法人は義務化 | 親法人、子法人ともに義務 | 資本金1億円以上の法人は義務化 |
| 2 | 事業年度 | 親法人の事業年度に統一 | | 単体法人の事業年度 |
| 3 | 申告納税主体 | 連結親法人 | 親法人、子法人それぞれ | 単体法人 |
| 4 | 修正申告および更正の請求 | 連結グループ全体で再計算 | 通算グループ間の影響を遮断し該当法人単体で計算 | 単体法人単位 |
| 5 | 税務調査対象法人 | 連結親法人（連結子法人含む） | 親法人、子法人それぞれ | 単体法人単位 |
| 6 | 寄附金の損金不算入額 | 損金算入限度額の計算は、連結親法人の資本金等の額および連結所得を基に行う 連結グループ全体で損金不算入額を計算する | 損金算入限度額の計算の基礎となる資本金等の額を資本金の額および資本準備金の額の合計額とする 各法人で損金不算入額を計算する | |
| 7 | 所得税額控除 | 連結グループ全体で計算 | 各法人それぞれで計算 | 単体法人で計算を行う |
| 8 | 留保金課税（特定同族会社の特別税率） | 連結グループ全体で計算 | 各法人それぞれで計算 | 単体法人で計算を行う |
| 9 | 過大支払利子税制 | 連結グループ全体で計算 適用免除基準は連結グループ全体合計額で判定 | 各法人それぞれで計算 適用免除基準は通算グループ全体合計額で判定 | 単体法人で計算を行う 適用免除基準も単体法人で判定 |
| 10 | 受取配当金の益金不算入 | 関連法人株式等の負債利子控除額 | 連結グループ全体の合計金額で負債利子控除額を計算 | 配当の4%（支払負債利子10%を上限）で単体で判定・計算される |
| | | 関連法人株式等又は非支配目的株式の判定 | 連結グループ全体の合計により判定 | 通算グループ全体の合計により判定 | グループ通算制度を選択していなくともグループ全体の合計により判定 |
| | | 短期保有株式等の判定 | 連結グループ全体 | 各法人 | 単体 |

| | | 連結納税制度 | グループ通算制度 | 単体納税制度 |
|---|---|---|---|---|
| 11 | 外国子会社配当等の益金不算入 | 連結グループ全体で判定 | 通算グループ全体で判定 | 単体法人で判定 |
| 12 | 外国税額控除 | 連結グループ全体の控除限度額を国外所得の比で按分 | 通算グループ全体の控除限度額を国外所得の比で按分<br><br>修正・更正時の遮断規定あり | 単体法人で計算 |
| 13 | 研究開発税制 | 連結グループ全体の試験研究費を基に控除額を計算し、各法人の試験研究費の割合で按分 | 通算グループ全体で控除額を計算し税額控除額と控除上限額のいずれか少ない金額を各法人の調整前法人税額の比で按分<br><br>修正・更正時の遮断規定あり | 単体法人で計算 |
| 14 | 中小法人の特例 — 判定 | 連結親法人で判定し連結親法人が中小法人に該当する場合に利用可<br>（※適用除外事業者の規定あり） | 全ての通算法人が中小法人に該当する場合に利用可<br>（※適用除外事業者の規定あり） | 単体法人で判定 |
| | 法人税の軽減税率の特例、留保金課税の不適用、繰越欠損金の控除限度額割合、交際費の定額控除など | | | |
| | 中小法人の特例 — 欠損金の繰戻し還付 | 連結親法人が中小法人等に該当する場合の他、連結親法人の解散、更生・再生手続開始の決定および災害があった場合に適用 | 全ての通算法人が中小法人に該当する場合の他、親法人の解散、子法人の破産・更生・再生手続きの開始決定など | 単体法人が中小法人に該当する場合の他、解散、破産・更生・再生手続きの開始決定など |
| | 中小法人の特例 — 貸倒引当金 | 連結グループ内法人間の金銭債権は対象外 | 通算グループ内法人間の金銭債権は対象外 | グループ通算制度を選択していなくともグループ内法人間の金銭債権は対象外 |

上記の通り、グループ通算制度と連結納税制度の税額計算フロー
を比較してみますと、大幅な事務手続きの簡素化や手間を省くとい
った手直しが加えられたというイメージは薄いものになっており、

事務負担が大きく減ったと感じるほどではありません。よって、従来通り単体納税制度と比較すれば連結納税制度もグループ通算制度も事務負担が大きいという事実は否めません。

　連結納税制度においては、この税額計算フローが当初申告、修正申告および更正の請求の度に利用される結果となり、毎回の事務負担が大きく納税者側および課税庁側も頭を悩ます結果となっておりましたが、グループ通算制度においては、当初申告のみこのフローによって計算を行い、修正申告および更正の請求が行われる場合には、通算グループ間の影響を遮断し該当法人単体で計算を行うことに変更されています。

　これにより、連結納税制度からグループ通算制度へ移行すると、税務調査等が行われた後の修正申告、更正の請求および決定に時間がかかっていたものが大幅に短縮されます。
　また、税務調査の対象法人については、連結納税制度では申告納税主体である親会社が連結納税グループ全体としての税務調査に対応するという流れがありましたが、グループ通算制度においては、親法人、子法人それぞれが申告納税主体となるため、個別に税務調査への対応を行うことになります。
　これは、対象範囲が狭まること（連結グループ全体から通算グループ内の個別法人へ）を意味します。課税庁側の人員確保や日程調整などが容易になると考えられますので、税務調査の機会が増える

のでは？　という懸念が生まれます。


　次に、税額計算において連結納税制度では全体計算として取り扱っていたものが、グループ通算制度においては全体計算が廃止され各法人での個別計算に変更された項目についてです。

　これらの項目については事務手続きが軽減されたと考えるべきでしょう。

## （1）　寄附金の損金不算入額
## 　　　（有利不利比較表の6）

（※）　グループ内法人間は全額が損金不算入であるためグループ外
　　　　への寄附を前提

＜連結納税制度＞

　損金算入限度額の計算は、連結親法人の資本金等の額および連結所得を基に行う。

　連結グループ全体の損金不算入額を各法人の寄附金の割合で按分する。


＜グループ通算制度＞

　損金算入限度額の計算の基礎となる資本金等の額を資本金の額および資本準備金の額の合計額とする。各法人で損金不算入額を計算する（単体納税制度の場合も同じ）。

## （2） 所得税額控除（有利不利比較表の7）

＜連結納税制度＞

　連結グループ全体で計算。


＜グループ通算制度＞

　各法人で個別に計算。

## （3） 留保金課税（特定同族会社の特別税率） （有利不利比較表の8）

＜連結納税制度＞

　連結グループ全体の所得、利益積立金および親法人の期末資本金を基に計算を行う。


＜グループ通算制度＞

　損益通算後の一定の調整を行い各法人で計算を行う。

・留保金額の基礎となる所得金額は損益通算後の所得金額とする。

・所得基準の基礎となる所得金額は損益通算前の所得金額とする。

・留保金額の計算上、通算グループ内法人間の受取配当および支払配当はなかったものとした上で、通算グループ外に対する配当額として留保金額から除かれる金額は、①に掲げる金額を②に掲げる金額の比で配分した金額と③に掲げる金額との合計額とする。

　①各法人の通算グループ外の者に対する配当の額のうち通算グル

ープ内の他の法人から受けた配当の額に達するまでの金額の合
計額

②通算グループ内の他の法人に対する配当の額から通算グループ
内の他の法人から受けた配当の額を控除した金額

③通算グループ外の者に対する配当の額が通算グループ内の他の
法人から受けた配当の額を超える部分の金額

また、以下の項目も、連結納税制度では全体計算として取り扱っ
ていたものが、グループ通算制度においては全体計算が廃止され各
法人での個別計算に変更された項目ですが、計算の判定等において
全体の金額を用いるため、結果として事務手続きが軽減されたと言
い難い部分となります。

## （4） 過大支払利子税制（有利不利比較表の９）

<連結納税制度>

連結グループ全体の合計金額により計算を行う。

適用免除基準（対象純支払利子等の額が2,000万円以下であるこ
と）は連結グループ全体合計額で判定。

<グループ通算制度>

各法人それぞれにおいて計算を行う。

適用免除基準（対象純支払利子等の額が2,000万円以下であるこ

と）は通算グループ全体合計額で判定。

# （5） 受取配当金の益金不算入
## （有利不利比較表の10）

<連結納税制度>

　保有比率の判定、負債利子控除額の計算は連結グループ全体で行う。

　連結グループ全体の益金不算入額を各法人の受取配当金の発生割合で按分する。


<グループ通算制度>

　関連法人株式等に係る負債利子控除額は関連法人株式等に係る配当等の額の４％相当額（その事業年度において支払う負債利子の額の10％相当額を限度とする選択制）。

　支払利子についてはグループ全体の利子を関連法人株式等の配当等の比で按分した上で計算し、上記４％、１０％の判定はグループ全体で行う。

　関連法人株式等又は非支配目的株式等の判定は100％グループ内の法人全体の保有株式数等で判定する（単体納税制度の場合も同じ）。



　続いて、連結納税制度では全体計算として取り扱っていたもので、

引き続きグループ通算制度においても全体計算で維持された項目は以下の通りです。

## （6）　外国税額控除（有利不利比較表の12）

①通算グループ内の各法人の控除限度額の計算は、基本的に連結納税制度と同様とする

②通算グループ内の各法人の当期の外国税額控除が期限内申告書に記載された外国税額控除額と異なる場合には、期限内申告に記載された外国税額控除額を当期の外国税額控除額とみなす

③当期の外国税額控除額と期限内申告書に記載された外国税額控除額との過不足額は進行年度の外国税額控除額又は法人税額においてその調整を行う

④通算グループ内の各法人が外国税額控除額の計算の基礎となる事実を隠蔽又は仮装して外国税額控除額を増加させること等により法人税額の負担を減少させようとする場合は上記②および③は適用しない

## （7）　研究開発税制（有利不利比較表の13）

①通算グループを一体として計算した税額控除限度額と控除上限額のいずれか少ない金額（以下「税額控除可能額」という）を各法人の調整前法人税額の比で按分した金額を各法人の税額控除限度額とする

②通算グループ内の他の法人の各期の試験研究費の額又は当期の

調整前法人税額が確定申告に記載された各期の試験研究費の額
又は当期の調整前法人税額と異なる場合には、確定申告書に記
載された各期の試験研究費の額又は当期の調整前法人税額を各
期の試験研究費の額又は当期の調整前法人税額とみなす

③上記②の場合において、税額控除可能額が確定申告書に記載さ
れた税額控除可能額に満たないときは、法人税額の調整を行う

外国税額控除および研究開発税制については、全体計算が行われ
ることから事務手続きの負担は変わらないものの、税額計算におい
て有利になるケースがあるので検討する必要があると思います。

具体的には、外国税額や試験研究費を多額に支出しており、所得
が発生していない、又は限りなく少ないことにより単体納税制度で
は税額控除の恩恵を十分に受けきれていないような法人が通算グル
ープ内に存在した場合において、全体計算により所得のある法人か
ら税額控除を行うことができるため有利な場合があります。

連結納税制度で既にこの恩恵を受けていた連結グループは、グル
ープ通算制度へ移行することによって引き続き恩恵を享受すること
ができるため、継続を選択する一つの理由になるとも考えられます。

また、中小法人の特例については、適用できるグループが多くな
いのであまり影響がないのではないか？　と一部で言われているよ
うですが、影響がないのであればそもそも適用判定の変更は行わな

いのではないか？　という疑問も生じます。

　おそらく、納税主体が連結納税制度では連結親法人であったのに対して、グループ通算制度では親法人、子法人それぞれとなりますが、グループ全体で計算を行う項目もあることから全体として適用の有無を統一する必要があり、通算グループの全ての法人が該当する場合に限り適用できることとなったと考えられます。

## （8）　中小法人の特例（有利不利比較表の14）

＜連結納税制度＞

　連結親法人で判定し連結親法人が中小法人に該当する場合に利用可（適用除外事業者の規定あり）。

＜グループ通算制度＞

　通算グループ内の全ての親法人、子法人が中小法人に該当する場合に利用可（適用除外事業者の規定あり）。

　中小企業等が利用できる租税特別措置法の特例項目は以下の通り

①法人税率の軽減税率の特例（所得800万円以下の部分に対する税率）

②中小企業等の貸倒引当金の法定繰入率の適用

③中小企業者等の少額減価償却資産の取得価額の損金算入特例

④中小企業技術基盤強化税制

⑤所得拡大促進税制の控除上乗せ規定等

⑥中小企業投資促進税制など

## （9） 最終的な有利不利の判定

　連結納税制度を既に採用していた法人グループはグループ通算制度へそのまま移行すると思われます。

　なぜなら、損益通算や欠損金の通算ができる上、引き続き外国税額控除および研究開発税制の全体計算が行えること、および事務負担に関しても従来から連結納税制度で計算してきた実績を踏まえれば、軽微ですが負担が減る方向に改正されておりますので、あえて取りやめる理由がないからです。

　また、株式の50％以上を長期に保有している子法人を持っている親法人は、残りの株式数を購入し完全親子関係とした上でグループ通算制度に子法人を加入させた場合には、連結納税制度であれば時価評価課税や欠損金の切り捨てが行われましたが、グループ通算制度では基本的に時価評価不要で欠損金の切り捨ても行われません。そのため、子法人をグループ通算制度に加入させるための不利益が減りますので、離脱せず移行をすることで有利に働きます。

　グループ通算制度の開始を検討している法人グループに関しては、親法人の欠損金を持ち込むために、連結納税制度に加入した後にグループ通算制度へ移行するグループや、子法人の株式を100％所有しているが長期保有していないため、時価評価や欠損金の切り捨てが行われてしまうようなケースの場合には、タイミングを計って数年後に加入することを検討しているグループなどがあると思い

ます。

　場合によっては、連結納税制度からグループ通算制度に移行せず、一旦単体納税制度に戻った後にグループ通算制度を選択する方が有利なグループもあるかもしれません。

　このように各グループにより内情が異なるため一概には言い切れない部分もありますので、個別に検討が必要と思います。まずは顧問税理士、会計士にご相談されることをお勧めいたしますが、この本が入門書として、グループでの検討、意思決定の一助になればと願っております。

参考文献

『国税庁』 www.nta.go.jp
　・連結納税から離脱する場合のみなし事業年度
　・連結納税のあらまし
　・連結納税の加入に伴う時価評価を要しない法人
　・連結納税の承認の申請書等の提出
　・連結納税の承認の取消し等
　・連結法人税の個別帰属額の計算
　・連結子法人の連帯送付責任
　・【手続名】連結納税の承認の申請
　・グループ通算制度の概要　令和２年４月
　・グループ通算制度について
　・グループ通算制度に関するQ&A（令和２年６月）（令和２年８月、令和３年６月改訂）
　・連結法人の通算制度への移行に関する手続き
　・通算制度の承認の申請書の提出期限
　・法人税関係法令の改正のあらまし（連結納税制度の創設）平成14年８月
　・通算制度の適用の取りやめにおける対象法人

『大蔵財務協会』 www.zaikyo.or.jp
　・国税速報第6634号　令和２年11月23日

『内閣府』 www.cao.go.jp
　・令和２年度税制改正要望結果
　・連結納税制度に関する専門家会合［連４-１］財務省説明資料（連結納税制度）
　・連結納税制度に関する専門家会合［連２-４］財務省説明資料（連結納税制度）

『自民党』 www.jimin.jp
　・令和２年度税制改正大綱

『経済産業省』 www.meti.go.jp
　・令和２年度経済産業関係制度改正について

『国土交通省』 www.mlit.go.jp
　・令和２年度国土交通省税制改正概要

『厚生労働省』 www.mhlw.go.jp/index.html
　・令和２年度税制改正の概要（厚生労働省関係）

『文部科学省』 www.mext.go.jp
　・2019年度文部科学関係税制改正要望事項の結果

『金融庁』 www.fsa.go.jp
　・令和２年度税制改正について

『税務研究会』「税務通信データベース」 www.zeiken.co.jp
・税務通信№3590『連結納税の見直し　経過措置により単体納税に戻ることが可能』
・税務通信№3622『単体納税への復帰とM＆A』
・税務通信№3645『令和２年度税制改正シリーズ　連結納税制度の見直しに関する法人税
　法等の改正』

『財務研究会』「税務用語辞典」 www.zeiken.co.jp/yougo
・連結納税制度
・適用法人
・連結事業年度
・連結法人税の個別帰属額
・連結納税の承認申請
・連結納税の開始又は加入に伴う資産の時価評価
・連結所得に対する法人税率

『グループ通算制度早わかり』中村慈美著、大蔵財務協会

『これだけ！グループ通算制度』 佐藤信祐著、中央経済社

『グループ通算制度「勧める・勧めない」の税理士の判断』
あいわ税理士法人編、税務研究会出版局

『グループ通算制度の実務Q＆A』足立好幸著　中央経済社

『グループ通算制度Q＆A』稲見誠一・大野久子著　清文社

『TKC』 www.tkc.jp/consolidate
・「連結納税とは」
・「連結納税制度の見直し　第３回　損益通算と欠損金の通算」 足立好幸著
・「連結納税制度の見直し　第７回　適用時期と経過措置」 足立好幸著

『デロイトトーマツ』 www2.deloitte.com/jp/ja.html
・連結納税制度を見直し「グループ通算制度」導入へ～選択済みでも未選択でも、対応検討
　が必要～　大野久子著
・連結納税制度を抜本的に見直し「グループ通算制度」導入　大野久子著
・税務解説　グループ通算制度の概要と導入に向けた実務上の検討＜下＞　大野久子著
・緊急鼎談　連結納税のプロフェッショナルが語るグループ通算制度の焦点
　税務弘報2020.3

『PWC』 www.pwc.com
・2020年度税制改正 連結納税制度の抜本的見直し

『税理士法人山田＆パートナーズ』 www.yamada-partners.gr.jp
・連結納税制度のグループ通算制度への移行

〈監修〉

# 徳田孝司

公認会計士・税理士。辻・本郷 税理士法人 理事長。
昭和55年、監査法人朝日会計社（現 あずさ監査法人）に入社。
昭和61年、本郷公認会計士事務所に入所。
平成14年4月、辻・本郷 税理士法人設立、副理事長に就任し、
平成28年1月より現職。
著書に『スラスラと会社の数字が読める本』（共著、成美堂出版）、
『いくぜ株式公開‼ IPO速解本』（共著、エヌピー通信社）、『精
選100節税相談シート集』（共著、銀行研修社）他多数。


〈編著〉

# 辻・本郷 税理士法人

平成14年4月設立。東京新宿に本部を置き、日本国内に70以
上の拠点、海外5拠点を持つ、国内最大規模を誇る税理士法人。
税務コンサルティング、相続、事業承継、医療、M&A、企業
再生、公益法人、移転価格、国際税務など各税務分野に専門特
化したプロ集団。
弁護士、不動産鑑定士、司法書士との連携により顧客の立場に
立ったワンストップサービスと、あらゆるニーズに応える総合
力をもって多岐にわたる業務展開をしている。

https://www.ht-tax.or.jp/

# グループ通算制度の入門

2021年12月1日 初版第1刷発行

監修　　　　　　徳田孝司
編著　　　　　　辻・本郷 税理士法人
発行者　　　　　鏡渕 敬
発行所　　　　　株式会社 東峰書房
　　　　　　　　〒160-0022　東京都新宿区新宿4-3-15
　　　　　　　　電話　03-3261-3136
　　　　　　　　FAX　03-6682-5979
　　　　　　　　https://tohoshobo.info/

装幀・デザイン　小谷中一愛
印刷・製本　　　株式会社 シナノパブリッシングプレス